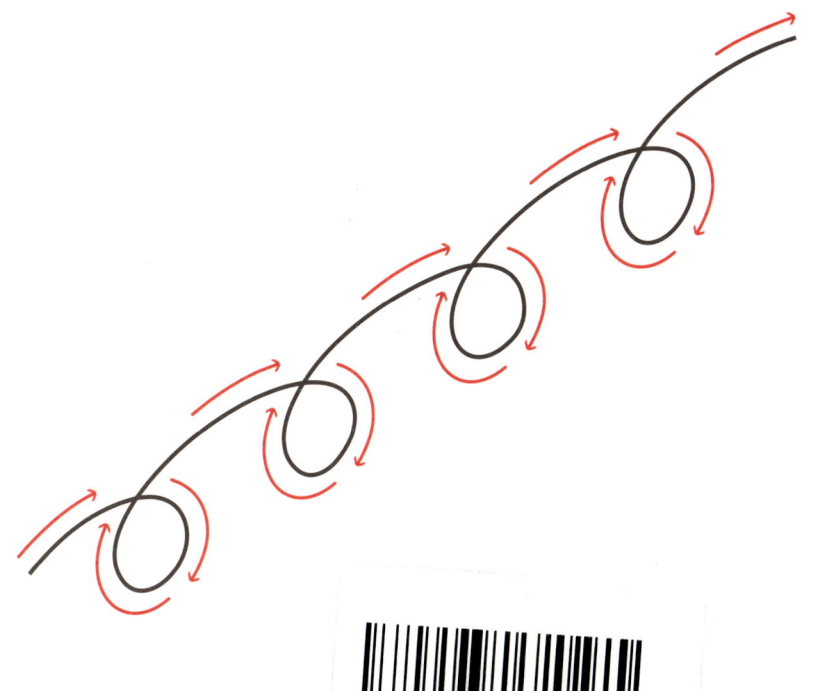

PRINCÍPIOS
SEU GUIA DIÁRIO

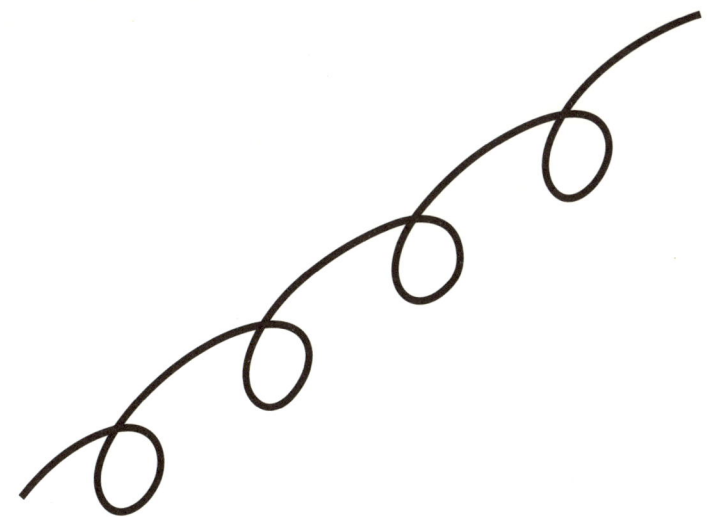

PRINCÍPIOS
SEU GUIA DIÁRIO

RAY DALIO

Tradução de
Cláudia Mello Belhassof

Copyright © 2022 by Ray Dalio

TÍTULO ORIGINAL
Principles Your Guided Journal

PREPARAÇÃO
Mariana Moura

REVISÃO
Luíza Côrtes
Roberto Jannarelli

DESIGN DE CAPA E PROJETO GRÁFICO
Rodrigo Corral Studio

DIAGRAMAÇÃO E LETTERINGS
Inês Coimbra e Antonio Rhoden

CIP-BRASIL. CATALOGAÇÃO NA PUBLICAÇÃO
SINDICATO NACIONAL DOS EDITORES DE LIVROS, RJ

D147p

Dalio, Ray, 1949-
  Princípios : seu guia diário / Ray Dalio ; tradução Claudia Mello Belhassof.
- 1. ed. - Rio de Janeiro : Intrínseca, 2023.

  Tradução de: Principles: your guided journal
  ISBN: 978-85-510-0908-6

  1. Sucesso nos negócios. 2. Tomando uma decisão. 3. Cultura corporativa.
I. Belhassof, Claudia Mello. II. Título.

23-86096   CDD: 650.1
                                    CDU: 005.336

Gabriela Faray Ferreira Lopes - Bibliotecária - CRB-7/6643

[2023]
Todos os direitos desta edição reservados à
EDITORA INTRÍNSECA LTDA.
Av. das Américas, 500, bloco 12, sala 303
22640-904 — Barra da Tijuca
Rio de Janeiro — RJ
Tel./Fax: (21) 3206-7400
www.intrinseca.com.br

Por que eu quero que você tenha seus próprios princípios

AGORA, MAIS DO QUE NUNCA, quero ajudar você a criar seus próprios princípios adaptados à sua realidade e a escrevê-los para consultá-los com facilidade e compartilhá-los com outros. Quero fazer isso porque vi o grande impacto do pensamento baseado em princípios na minha vida e na de milhões de pessoas.

Chegar a esse ponto é o próximo passo lógico numa longa jornada. Cerca de quarenta anos atrás, entrei num processo de refletir sobre meus encontros com a realidade e de escrever princípios para lidar bem com eles. Comecei fazendo isso com os investimentos, depois com a construção da cultura da minha empresa, a Bridgewater, e em seguida com todos os aspectos da vida. Isso deu a mim e a outras pessoas muita clareza em relação ao que estávamos buscando, a como nossa realidade funcionava e quais princípios deveríamos usar para tomar boas decisões em diferentes situações, o que nos tornou mais bem-sucedidos. A maioria desses princípios era tão clara que poderíamos transformá-los em códigos de programação e fazer o computador receber as informações como nosso cérebro e tomar decisões em paralelo conosco. Isso nos deu outro tremendo impulso, porque nos permitiu tomar muito mais decisões complexas de forma rápida e menos emocional.

Esse raciocínio baseado em princípios também mudou a maneira como eu via toda a minha realidade, o que transformou o modo como a encarava, com o fim de me tornar mais eficaz. Vi que quase tudo acontecia reiteradas vezes em diferentes variações por causa de relações de causa e efeito que se repetiam e evoluíam ao longo do tempo. Percebi que sempre foi assim — essas relações de causa e efeito impulsionavam tudo com o transcorrer do tempo. Aprendi que, com o Big Bang, todas as leis e forças do universo foram criadas e impulsionadas, interagindo umas com as outras à medida que o tempo passava, como uma série complexa de máquinas que trabalham juntas: a estrutura das galáxias, a composição da geografia e dos ecossistemas da Terra, nossas economias e mercados, crises econômicas, mudanças na ordem mundial e em cada um de nós. Como indivíduos, somos "máquinas" constituídas de diferentes máquinas — o sistema circulatório, nervoso etc. — que produzem nossos pensamentos, nossos sonhos, nossas emoções e todos os demais aspectos da personalidade. Passei a ver que todas as coisas que aconteceram no passado e que acontecem hoje funcionam como máquinas que evoluem juntas para gerar a realidade com que nos deparamos todos os dias. Ao reconhecer esses padrões e desenvolver princípios para lidar com eles, descobri que estava mais bem preparado para enfrentar e até mesmo influenciar tudo o que surgisse no meu caminho. Essa abordagem baseada em princípios é a razão por trás de todo o sucesso, tanto o meu quanto o da Bridgewater.

Cinco anos atrás, quando entrei numa fase da vida em que transmitir meus aprendizados se tornou muito importante para mim, compartilhei essa abordagem baseada em princípios — de vida e trabalho — em *Princípios*. Fiquei chocado com o impacto. O livro foi traduzido para 32 idiomas e vendeu mais de 4 milhões de cópias no mundo todo. A animação que fizemos baseada nele, *Princípios para o sucesso*, foi assistida mais de 30 milhões de vezes. Escrevi mais dois livros sobre diferentes tipos de princípios, *Principles for Navigating Big Debt Crises* ("Princípios para navegar por grandes crises econômicas", em tradução livre) e *Princípios para a ordem mundial em transformação*, e criei mais dois vídeos animados (*Como funciona a máquina econômica* e *A ordem mundial em transformação*), que também fizeram um enorme sucesso, com mais de 100 milhões de visualizações no total.

Ao longo desses cinco anos, milhares de pessoas me disseram que essa abordagem mudou a vida delas. Muitas me pediram ajuda para criar seus próprios princípios, o que me trouxe aqui.

Criei este diário para convidar você a pensar na sua realidade e criar princípios para lidar com ela com eficácia. Minha esperança é que ele se torne um refúgio pessoal para reflexão sobre o que está acontecendo e como lidar bem com isso, assim como para que suas anotações se tornem seus bens mais valiosos. Estou confiante de que, se fizer isso, sua vida vai melhorar radicalmente.

Então vamos lá.

Os fundamentos dos princípios

O QUE SÃO PRINCÍPIOS?

Princípios são formas de lidar com a realidade para conquistar objetivos, sejam eles quais forem, e que podem ser aplicados várias vezes em situações semelhantes. Diariamente, nos vemos diante de uma enxurrada de desafios e influências externas aos quais devemos reagir. Sem princípios, seríamos forçados a reagir a tudo de maneira individual e espontânea, como se vivêssemos cada coisa pela primeira vez. Mas se, em vez disso, as enxergarmos como "mais uma daquelas situações" e tivermos bons princípios como ferramentas, tomaremos decisões melhores com mais rapidez e, em consequência, teremos uma vida melhor.

Se você colocasse no papel os seguintes tópicos: a) os desafios que enfrenta no momento (por exemplo, o nascimento de um filho, a perda de um emprego, um desentendimento pessoal) e b) como lidar com cada um deles, o total provavelmente seria de apenas algumas centenas de itens e só alguns deles seriam exclusivamente seus. Experimente fazer isso. Você não só enxergará verdade no que digo como também começará a elaborar uma lista de itens que precisam de princípios a considerar.

POR QUE VOCÊ PRECISA DE PRINCÍPIOS

Ter bons princípios é como ter uma boa coleção de receitas para o sucesso. Todas as pessoas bem-sucedidas que mantêm bons registros usam regras de decisão. Sua coleção de princípios será, em essência, um credo pessoal em que baseará seu dia a dia.

POR QUE VOCÊ PRECISA TER SEUS PRÓPRIOS PRINCÍPIOS

Você tem seus próprios valores e objetivos, então precisa ter princípios que lhe sejam adequados. Embora possa adotar os princípios de outras pessoas, eles devem ser ajustados para você. É preciso acreditar profundamente neles e internalizá-los para que seja natural viver de acordo com eles. O alinhamento entre pessoa e princípios deve ser tal a ponto de discurso e prática serem essencialmente a mesma coisa. Esses princípios não devem ser pomposos, parecer bons e politicamente corretos se no fundo não refletirem sua verdadeira crença.

POR QUE VOCÊ DEVE ESCREVER SEUS PRINCÍPIOS

Se anotar seus princípios:

1. Você pensará neles com mais profundidade.

Parar e pensar nos princípios a serem aplicados, anotá-los e depois refletir sobre eles quando estiver lidando com situações análogas fará você pensar neles com muito mais profundidade, aprimorando-os ainda mais.

2. Seu raciocínio será mais baseado em princípios.

Quando falo em raciocínio baseado em princípios, eu me refiro a observar a realidade, seja ela qual for, por uma ótica superior, tendo sempre em mente que a maioria das situações se repete pelos mesmos motivos e quais princípios podemos usar para lidar com elas. Esse processo de reflexão e escrita mudará sua perspectiva e naturalmente levará você a "ascender" a níveis cada vez mais altos, permitindo enxergar as coisas de cima para baixo.

Quando nos colocamos acima da enxurrada de coisas que vêm em nossa direção, enxergamos a maioria delas apenas como "mais uma daquelas" e, assim, usamos nossos princípios para enfrentá-las bem. Quem age assim também vai se olhar de maneira mais objetiva, se ver nas situações com mais clareza e entender melhor as relações de causa e efeito. Vai enxergar padrões importantes até então despercebidos e, por conseguinte, mudará de atitude a fim de melhorar os resultados.

Por exemplo, em meus repetidos e dolorosos encontros com a realidade, com desfechos às vezes bons, às vezes ruins, aprendi que **Dor + Reflexão = Progresso**. Essa fórmula se tornou tão óbvia que desenvolvi e internalizei uma reação habitual a situações dolorosas: sou naturalmente levado a pensar de maneira crítica a respeito delas. Quanto mais alto você ascender, mais eficiente será sua compreensão da realidade e mais eficiente você será em moldar seus métodos para alcançar seus objetivos. Em suma, o que antes parecia impossível e complexo se tornará simples. Você entenderá a realidade como ela de fato é e lidará melhor com ela, criando para si uma vida mais feliz e bem-sucedida.

3. Você se comunicará com mais eficácia.

Colocar os princípios no papel (ou na tela) ajuda a trocar aprendizados, a se entender melhor e a cooperar de maneira mais eficaz. Eu adoraria que todos tivessem esse hábito. Seria incrível conhecer os princípios que guiaram gênios como Albert Einstein, Steve Jobs, Winston Churchill, Leonardo da Vinci e Martin Luther King Jr., entender com clareza o que buscavam, como conseguiram alcançar e então comparar suas diferentes abordagens. Gostaria de saber quais princípios são mais importantes para os políticos que pedem meu voto e para as pessoas cujas decisões afetam minha vida.

Hoje em dia é ainda mais importante sermos claros em relação aos nossos princípios. Eu me pergunto se todos nós, seres humanos — enquanto famílias, comunidades, nações —, estamos conectados por alguns princípios em comum ou se temos princípios opostos que nos afastam. Quais seriam eles? Sejamos específicos. Eu me orgulho de ter escrito princípios que poderei transmitir aos netos quando tiverem idade suficiente e que ficarão com eles mesmo depois que eu me for. Espero um dia criar uma ferramenta digital que permita às pessoas incluir seus princípios, para que então possam ser revisados e ranqueados. Os princípios mais bem aceitos subiriam ao topo e as pessoas teriam acesso fácil às melhores ferramentas de enfrentamento de problemas. Mas antes eu quero ajudar você a descobrir **e escrever** bons princípios que se sejam adequados à sua realidade.

Pode parecer muito, ou que é trabalhoso desenvolver princípios realmente bons, mas isso não é verdade. Tudo que você precisa fazer é começar a registrar ideias em um diário e ver o que acontece. A seguir, fornecerei algumas orientações a título de parâmetro, que não necessariamente precisam ser seguidas à risca.

PRINCÍPIO

Reflita e anote com cuidado: 1) o que você deseja alcançar; 2) o que é verdadeiro; e 3) o que você deve fazer para atingir o item 1 tendo em vista o item 2...

... e faça isso com humildade e mente aberta, porque só assim é possível chegar a uma fórmula adequada.

COMO FUNCIONA ESTE DIÁRIO GUIADO

Quero que este diário seja o que você desejar, mas devo esclarecer que, ao criá-lo, eu tinha em mente três objetivos e dois caminhos para alcançá-los.

Os objetivos são:

1. Ajudar você a transformar suas experiências em reflexões sobre o funcionamento das coisas e em princípios para lidar bem com sua realidade de modo a conseguir o que deseja.

2. Ajudar você a escrever seus próprios princípios, que poderão ser consultados em situações análogas, transmitidos e modificados ao longo do tempo.

3. Ajudar você a aprender e praticar o pensamento baseado em princípios.

Os dois caminhos para alcançar esses objetivos são:

1. Pule tudo e comece a escrever no diário a partir da página 103.

Como eu sei que muitas pessoas param para refletir quando têm espaços em branco a preencher, o diário consiste principalmente de espaços em branco projetados para você usar como quiser, com provocações e princípios ocasionais.

2. Comece com os exercícios opcionais que estão no início deste diário.

Eles vão preparar você para criar seus próprios princípios. Usei versões desses mesmos exercícios durante anos para ajudar outras pessoas a desenvolver um pensamento baseado em princípios. Mesmo que você não comece por aí, pode voltar a qualquer momento.

OS EXERCÍCIOS

Temos quatro exercícios no início deste diário e um no fim. Creio que você vai gostar de fazê-los e vai achá-los úteis. Eles vão ajudar você a olhar para si e para a sua realidade, assim como a lidar com essas duas coisas de um jeito diferente, mais prático e baseado em princípios. Você vai ver que existem razões por trás de quase tudo o que acontece e que a realidade funciona como uma máquina de movimento perpétuo. Entender sua natureza e o fato de que você faz parte dessa máquina permite obter melhores resultados. Ao 1) saber como a realidade funciona, 2) conhecer a si mesmo e suas reações habituais e 3) ter princípios que o auxiliem a obter os resultados desejados, você navegará melhor pela realidade e terá mais resultados positivos.

Exercício 1: Reflita sobre sua natureza

As heranças genéticas e as influências ambientais que você sofreu moldaram sua natureza e lhe deram algumas preferências, o que significa que certos objetivos e caminhos na vida serão mais adequados para você. É bastante útil conhecer sua natureza e combiná-la com os caminhos compatíveis. Ao se fazer isso, descobre-se que os melhores princípios são diferentes de uma pessoa para outra, embora alguns sejam melhores para todo mundo. "Conhece-te a ti mesmo" e "Sê fiel a ti mesmo" são princípios atemporais e universais, portanto este exercício pretende ser o primeiro passo para ajudar você a aplicá-los à sua vida.

Exercício 2: Como ir dos casos à mão até seus melhores princípios para lidar com eles

Este exercício vai ajudar você a ir dos a) "casos à mão" (ou seja, as situações em questão) para b) "uma daquelas" (ou seja, a categoria ou tipo de situação) e para c) os "princípios" que você usaria para lidar com ela. Oferecemos aqui um modelo para fazer isso por escrito. Seguindo-o com bastante frequência, você fará isso de maneira intuitiva e começará a ter um raciocínio mais baseado em princípios. Além disso, à medida que for avançando para as páginas em branco destinadas à anotação dos seus próprios princípios, você encontrará vários princípios e gráficos do livro *Princípios* que, segundo comentários excelentes nas redes sociais, foram muito úteis aos leitores. Lembre-se, no entanto, de que seu intuito é apenas provocar a reflexão. O mais importante é fazer com que você reflita sobre suas experiências e escreva os princípios que funcionam bem para você.

Exercício 3: Domine o Processo de Cinco Etapas para conseguir o que quer da vida

O processo de cinco etapas foi extremamente útil na minha trajetória para o sucesso, e gostaria de compartilhá-lo com você. Vamos lá: 1) defina objetivos; 2) identifique os problemas e não permita que se perpetuem; 3) diagnostique as causas raízes desses problemas; 4) planeje as mudanças de abordagem necessárias para reduzi-los ou eliminá-los e, por fim, 5) coloque isso em prática. A agilidade trazida pela repetição do Processo de Cinco Etapas resulta em rápida evolução.

Como o objetivo deste exercício é a capacitação para aplicar o método à sua vida, vou guiar você pelas cinco etapas, uma por uma, e espero que você apresente exemplos extraídos da sua vida pessoal ou profissional. Assim, ao abrir essas páginas de reflexão, você encontrará instruções relativas ao Processo de Cinco Etapas que serão extremamente valiosas para a obtenção de quaisquer objetivos futuros.

Exercício 4: Aprenda a superar seus dois maiores obstáculos e a extrair o máximo proveito dos seus erros

De um modo geral, erros infelizmente costumam ser tratados como um motivo de vergonha, e não como uma oportunidade de aprendizado. Ao longo da minha vida e carreira, fui ensinado que meus piores erros normalmente são as melhores oportunidades de aprendizado e que eles muitas vezes aconteciam porque eu estava cego. Em outras palavras, foram resultado de dois obstáculos que todos enfrentamos: nosso ego e nossos pontos cegos.

Ambos têm relação direta com o funcionamento do nosso cérebro e podem retardar bastante a obtenção de nossos objetivos. A boa notícia é que podemos superá-los a partir do que chamo de "mente radicalmente aberta". Esse exercício ajudará você a refletir sobre seu ego e seus pontos cegos, a aprender o significado de uma mente radicalmente aberta e a reprogramar sua consciência a fim de enxergar os erros não como motivo de vergonha, mas como excelentes oportunidades de crescimento. No fim do exercício, compartilho um modelo baseado no "Registro de Ocorrências" usado na Bridgewater. O objetivo dessa ferramenta é encorajar o compartilhamento de erros para que todos possam aprender e melhorar.

Exercício 5: Entenda o ponto da jornada da vida em que estão você e aqueles de quem você gosta

Como disse antes, quase tudo na vida se repete pelos mesmos motivos. Observando como um caso típico se desenrola, e as relações de causa e efeito por trás dele, é possível obter uma boa compreensão a respeito do todo. Quanto mais casos você analisar, mais vai entender o desenrolar de um caso típico e por que existem diferenças entre eles, como um médico que já esteve diante de determinada doença inúmeras vezes e entende como ela funciona. Isso vale para os ciclos de vida das pessoas tanto quanto para qualquer outra coisa.

Embora não haja duas vidas idênticas, a maioria segue uma sequência semelhante de eventos importantes e momentos decisivos. A última seção do diário, o "Exercício do Arco da Vida", fará você refletir sobre o ponto em que se encontra em seu ciclo de vida, onde as pessoas importantes para você se encontram em seus próprios ciclos de vida e o que está à espera de todos nós, de modo a estarmos mais bem preparados para o futuro. Esse é o exercício preferido da maioria dos leitores, portanto, não o ignore mesmo que esteja no fim.

EXERCÍCIO 1

Reflita sobre sua natureza

Parte 1:
COMO É O SEU CIRCUITO?

Toda pessoa é dotada de atributos individuais que ditam sua força, seus valores e interesses. Somados, esses componentes moldam aquilo que chamamos de individualidade. Conhecendo a própria natureza, nos tornamos mais bem equipados para descobrir o que devemos mudar em nós mesmos e os cursos efetivos de ação em prol daquilo que desejamos.

Em outras palavras, encontrar a correspondência entre **individualidade** e **caminho** é fundamental para o sucesso. Existem, no entanto, vários caminhos "certos" e, para encontrar o seu, basta buscar entender sua natureza e individualidade. E, se estiver trabalhando com outras pessoas, quem sabe você possa ajudá-las a encontrar o delas também.

Esse processo esteve presente durante a consolidação e a administração da minha empresa. Observando o quanto as pessoas são diferentes entre si, busquei auxílio de muitos psicólogos, psiquiatras, neurocientistas e especialistas em personalidade. Também li muitos livros sobre diferentes formas de pensar. Descobri que nascemos (e nos desenvolvemos por meio das nossas experiências) com diferentes pontos fortes e fracos em áreas como bom senso, criatividade, memória, capacidade de síntese, atenção aos detalhes e assim por diante. Examinar essas diferenças de maneira objetiva pode deixar muitas pessoas (até mesmo muitos cientistas) pouco à vontade, mas não é algo menos necessário por isso. Durante décadas mergulhei nessa pesquisa e creio que todo o meu aprendizado pode ser tão valioso para você quanto foi para mim. (Descrevo o que aprendi detalhadamente em *Princípios*, no capítulo "Compreenda que os circuitos das pessoas são bem diferentes".)

Mergulhado no tema, acabei descobrindo que a avaliação de perfis de personalidade pode ser muito útil para esclarecer diferentes formas de raciocínio. Ela também pode ajudar as pessoas a se aprofundarem nas jornadas do autoconhecimento e da compreensão do outro. Aplicá-la também levou a melhores relações profissionais e melhor adequação ao emprego, o que torna as pessoas mais felizes e mais eficazes. Usei muitas avaliações ao longo dos anos e percebi que nenhuma tinha tudo o que eu queria e nenhuma identificava certas características que eu havia aprendido a buscar na minha experiência na administração da empresa. Eu também queria que os *insights* que desenvolvemos ficassem disponíveis para qualquer pessoa, gratuitamente. Então, com a ajuda dos grandes psicólogos Adam Grant, Brian Little e John Golden, criei a avaliação PrinciplesYou, com base na estrutura de personalidade chamada de "Big Five" (Cinco Grandes), que passou por extensa pesquisa e é muito bem-conceituada. O teste foi respondido por mais de um milhão de pessoas em todo o mundo, e sua eficácia é altamente reconhecida.

O PrinciplesYou leva de vinte a trinta minutos para ser concluído e é um ótimo primeiro passo para entender sua natureza, a das pessoas com quem você interage e também seus relacionamentos, e como lidar com tudo isso. Para os gestores, existe o PrinciplesUs, que permite conhecer melhor a dinâmica dentro de uma equipe.

Depois de receber os resultados, imprima e cole na página oposta deste diário.

Os resultados não só vão ajudar na autocompreensão, como também vão ajudar as pessoas a entenderem você, se decidir compartilhá-los. Caso você já tenha os dados de outra avaliação de personalidade que considera eficaz, pode optar por eles sem problemas. Ou pode pular esta parte do exercício, se quiser, e usar as perguntas a seguir como guia. É claro que toda avaliação de personalidade é um retrato das suas prováveis preferências; cabe a você validar se o que ela diz é verdadeiro ou não e, mais importante, o que fazer a respeito.

Quer você tenha feito uma avaliação ou não, ainda é fundamental ter uma noção exata dos seus pontos fortes e fracos. As perguntas a seguir têm o objetivo de fazer você pensar neles.

Quais você acha que são seus três maiores pontos fortes com base no que você e os outros pensam?

Quais você acha que são seus três maiores pontos fracos com base no que você e os outros pensam?

Todos temos desafios recorrentes que nos causam sofrimento e nos impedem de ser tão bem-sucedidos quanto poderíamos. Para a maioria de nós, três a cinco deles fazem toda a diferença do mundo — ou seja, se as pessoas pudessem superar de três a cinco desafios, a vida seria substancialmente melhor. E, para quase todo mundo, superar apenas o maior desafio melhoraria a qualidade de vida radicalmente. Pense bem em quais são os seus.

Qual é o seu "Maior Desafio"?

Esses princípios vão ajudá-lo a refletir sobre seu autoconhecimento e como abordá-lo.

PRINCÍPIO

As pessoas mais bem-sucedidas são capazes de olhar para si mesmas de fora para dentro — e assim enxergar e interagir com a realidade de forma objetiva.

E, em vez de ficarem presas na própria cabeça com seus pontos de vista, essas pessoas também aceitam observações de terceiros. Elas são capazes de olhar com objetividade para as próprias características — pontos fortes e fracos — e para as dos outros, a fim de colocar as pessoas certas nos papéis certos e, com isso, maximizar o sucesso. Uma vez que tenha entendido essa lógica, você verá que não há praticamente nada que não possa realizar: a visão e as ferramentas disponíveis passam a ser muito maiores do que apenas aquelas que estão dentro de você. Basta aprender a enfrentar sua realidade e usar todos os recursos à sua disposição. Não se sinta mal ao descobrir seus pontos fracos. Tê-los descoberto deve ser motivo de orgulho, uma vez que os conhecer e aprender a lidar com eles aumentará suas chances de conseguir o que deseja. Ficar decepcionado ao perceber que você não é capaz de fazer tudo sozinho é de uma ingenuidade imensa. Talvez ninguém nunca tenha lhe dito que é impossível que uma pessoa faça todas as coisas bem.

PRINCÍPIO

Lembre-se de que mesmo as melhores pessoas fracassam.

Todo mundo fracassa em muitos aspectos e ninguém é bom em tudo. Pense nisso. Você gostaria de ter Einstein no seu time de basquete? Quando ele não conseguir driblar e arremessar bem, você vai julgá-lo? Ele deveria se sentir humilhado? Imagine todas as áreas em que Einstein era incompetente e pense no quanto ele lutou para brilhar mesmo nas áreas em que era o melhor do mundo. Imagine com quantas pessoas ele precisou contar para ter sucesso, pessoas que eram fortes nos pontos em que ele era fraco.

Travar embates internos e observar outras pessoas fazendo o mesmo pode provocar todo tipo de emoção movida pelo ego, como simpatia, pena, constrangimento, raiva ou atitude defensiva. É preciso superar esse viés e parar de ver o esforço como algo negativo. Quase todas as grandes oportunidades da vida advêm do esforço; cabe a você aproveitar ao máximo os desafios e vê-los como oportunidades para aprimorar sua criatividade e fortalecer seu caráter.

PRINCÍPIO

Com mente aberta e determinação podemos conseguir quase tudo.

Sua qualidade de vida depende principalmente da qualidade das suas decisões. Não limite seu horizonte ao melhor que você puder imaginar ou produzir sozinho. Tenha a mente aberta para absorver ideias de diferentes fontes — elas podem ser o caminho para decisões mais acertadas.

Parte II:
QUAIS SÃO SEUS VALORES?

Gostaria que você refletisse sobre o que mais valoriza para assim esclarecer seus objetivos e obter os melhores princípios para você.

Valores são as crenças profundas que orientam seu modo de agir e determinam sua compatibilidade com os outros. Aprendi, por meio de conversas com psicólogos e também com a experiência, que aquilo que desejamos emerge dos seguintes pontos: a) da nossa personalidade e b) da nossa busca por satisfazer necessidades subliminares profundamente ocultas (resultantes do nosso modo de ser somado às experiências vividas, ainda que esquecidas).

Embora eu não seja especialista no assunto a ponto de ajudar você a entender de onde vêm suas motivações, posso, sim, ajudá-lo a definir seus valores e princípios, um passo fundamental para a conquista de objetivos. Para isso, o primeiro passo é fazer a si mesmo as seguintes perguntas:

**Quais são os valores mais importantes para você? Escolha até três.
Se houver valores que não estejam na lista, coloque-os nos espaços em branco ao final.**

○ Ser querido/amado

○ Ser bom do ponto de vista ético

○ Criar algo novo

○ Ajudar os outros

○ Aprender/evoluir

○ Impactar o mundo

○ Alcançar seus objetivos de carreira

○ Ter uma vida tranquila saboreando os prazeres simples que ela tem a oferecer

○ Alcançar o sucesso financeiro

○ Entender o mundo

○ Ter uma vida cheia de diversão e aventura

○ Ter bons amigos

○ Ter uma família próspera

○

○

○

Esses são seus **valores principais**, que o impulsionam e determinam os objetivos que, se alcançados, farão com que se sinta realizado. Eles estão sempre com você e influenciarão bastante seus objetivos inatos.

Agora, quais são os valores menos importantes para você?
(Não quer dizer que não sejam importantes, apenas em menor escala.)

○ Ser querido/amado

○ Ser bom do ponto de vista ético

○ Criar algo novo

○ Ajudar os outros

○ Aprender/evoluir

○ Impactar o mundo

○ Alcançar seus objetivos de carreira

○ Ter uma vida tranquila saboreando os prazeres simples que ela tem a oferecer

○ Alcançar o sucesso financeiro

○ Entender o mundo

○ Ter uma vida cheia de diversão e aventura

○ Ter bons amigos

○ Ter uma família próspera

○

○

○

Suas respostas representam seus **valores secundários**. Embora ainda possam ser significativos para você, eles são menos importantes, e é bom saber disso ao definir suas prioridades.

Se você respondeu ao PrinciplesYou, compare esses valores com os três arquétipos que obteve no teste.

Escreva esses valores e seu(s) arquétipo(s) aqui, reflita sobre eles e avalie se descrevem bem as coisas pelas quais você se sente naturalmente atraído.

Se você ainda não fez a avaliação, reserve um tempo para refletir sobre como esses valores afetam suas motivações.

Agora, com seus valores principais em mente, pense no que mais atrai você na vida (ou seja, suas motivações).

Quando as pessoas pensam no que querem, podem não perceber o que as atrai. costumamos pensar de maneira muito limitada, como "eu quero ser X, Y ou Z". Melhor seria se pensássemos na atração que nossa natureza exerce sobre certas coisas. Por exemplo, quem se sente realizado como fuzileiro naval provavelmente é atraído por um senso de dever com o país, pelo desejo de ser notável e/ou por um impulso para a aventura e o perigo. Essas atrações já existiam antes de a pessoa encontrar o caminho que a alegra: a felicidade e o sucesso foram o resultado da combinação entre a natureza e o caminho.

Pense nas coisas que atraem você e escreva todas aqui.

Com seus princípios em mente, você vai descobrir maneiras práticas de alinhar sua natureza e suas interações a fim de alcançar o que deseja. Mais importante ainda, é fundamental alinhar seus valores e suas ações. Por exemplo, se para você é importante aprender/evoluir, um de seus princípios pode ser refletir ativamente sobre os erros que cometeu.

VALOR	AÇÃO
Aprender e evoluir	Assumir riscos inteligentes e refletir sobre os erros cometidos

Tudo bem se no início você não tiver princípios tão bem estruturados. A maioria das pessoas não tem. O que a maioria tem, no entanto, são valores e princípios que se refletem em discursos e ações. Sem explicitá-los, é difícil avaliar suas decisões ou testar sua maneira de ver as coisas. Vamos começar a explorar até que ponto você conhece seus princípios explícita ou implicitamente.

Você já tem princípios que orientam sua vida, sejam eles explícitos ou implícitos?

Liste de três a cinco deles.

Entre os seguintes itens, quais mais o influenciaram no aprendizado de seus princípios?

O   Minhas experiências pessoais

O   Minha cultura e etnia

O   Meus amigos

O   Minha religião

O   Minha família

O   Mídia (cinema, TV, rádio, livros, internet)

O   Minha instrução

O   Pessoas que admiro

O

O

O

O

O

Antes de refletir sobre essas questões, você estava consciente dos princípios que listou, ou eles vieram à tona por conta da reflexão?

O objetivo deste primeiro exercício foi fazer você pensar nos seus valores principais e secundários e nos princípios que orientam suas ações e decisões. À medida que avança pelas páginas deste diário, considere revisá-los para quem sabe refiná-los ou expandi-los.

Agora vamos explorar como você interage com a realidade. A combinação da sua natureza e da realidade que você enfrenta vai ajudá-lo a ter os princípios adequados para obter o máximo possível do que deseja na vida.

EXERCÍCIO 2

Como ir dos casos à mão até os melhores princípios disponíveis para lidar com eles

Todas as relações de causa e efeito se repetem e evoluem com o tempo. Tudo que acontece em nossa vida é ditado por essa razão. Pensando com base em princípios, você verá que quase todos os "casos à mão" são apenas "mais um daqueles" e que, identificando de qual "daqueles" se trata e lidando com eles por meio de princípios bem estruturados, obterá resultados positivos. É isso o que eu chamo de "pensamento baseado em princípios". Sua lógica difere daquela do pensamento natural porque, diante de uma decisão, você reflete de acordo com seus princípios antes de agir.

Dominar essa técnica aprimora suas estratégias de ação e reduz em grande escala o número de decisões a tomar (por um fator de algo em torno de 100 mil, pelas minhas estimativas). Tendo regras para lidar com cada "tipo de coisa", deixamos de ver tudo como se fosse a primeira vez. Assim como ao caminhar pela floresta um biólogo pode encontrar uma criatura específica, refletir sobre qual é a espécie e que princípios usará para lidar com ela, você fará o mesmo no seu dia a dia e, quando tornado um hábito, esse processo se dará de maneira rápida e instintiva.

Os pontos fundamentais para otimizar essa estratégia são:

1. Desacelere o pensamento e perceba os critérios que está adotando para tomar a decisão.

2. Escreva os critérios que está usando para decidir como lidar com esse tipo de situação: você acaba de criar um novo princípio.

3. Na próxima vez que "um daqueles" surgir, aplique-o e veja o que acontece. Depois, reflita sobre o efeito observado e refine-o antes que "um daqueles" apareça de novo.

Criei um modelo simples para ajudar você a ir do caso à mão aos princípios que pode usar para lidar com ele. Esse modelo inclui um exemplo real da minha vida.

CASO À MÃO
O que aconteceu? Responda com detalhes.

Meu caso à mão: Em 1982, por causa de um investimento ruim, a Bridgewater foi à falência. Tive que demitir todos os funcionários e pedir 4 mil dólares emprestados ao meu pai para pagar as contas.

QUAL FOI O "UM DAQUELES"?
Vá para o nível superior e pergunte a si mesmo: essa coisa é de qual "espécie" ou categoria?

Meu "um daqueles": Ser confiante demais e estar enganado, apostar muito no acerto e me dar extremamente mal.

PRINCÍPIOS USADOS E SEU CRITÉRIO DE AVALIAÇÃO
Você usou algum princípio preexistente para lidar com a situação?
Eles estavam alinhados ou eram conflitantes?

Na época, eu não tinha princípios para usar nesse tipo de situação.

REFLEXÕES
O que essa experiência mostrou a você sobre o funcionamento da realidade? Em busca de um desfecho mais favorável, o que você faria de diferente em uma próxima oportunidade?

Entendi que risco e retorno tendem a andar lado a lado, e que aquela grande aposta em que confiei demais eliminou todos os ganhos obtidos com as apostas anteriores. Eu achava que, para ter uma vida excepcional, teria que atravessar uma selva perigosa. Eu poderia ter continuado protegido onde estava e ter uma vida normal ou me arriscar a atravessar tal selva para ter uma vida fantástica. (Pare por um instante e reflita: o que você faria diante dessa escolha?) Percebi que esse é o tipo de escolha que, de uma forma ou de outra, todos nós temos que fazer. Sabendo que eu precisava correr atrás de uma vida fantástica, a questão era: como obter essa grande vantagem sem perder tudo? Essa reflexão me ajudou a desenvolver alguns novos princípios.

NOVOS PRINCÍPIOS

Com base em suas reflexões, quais princípios você adotaria ou revisaria para melhorar o desfecho quando encontrar "um daqueles" no futuro?

Para reduzir os riscos de estar dolorosamente errado sem reduzir minhas vantagens, eu 1) observaria as ideias das pessoas mais inteligentes e diferentes de mim que conheço, a fim de desafiar minha lógica e descobrir o que posso estar ignorando e 2) diversificaria bastante.

Olhando para o passado, esse "tombo" doloroso foi uma das melhores coisas que já me aconteceram, porque foi a partir dele que me veio esse processo de aprender com os erros e desenvolver princípios. A experiência me deu a humildade necessária para calibrar minha audácia e me ensinou princípios que foram fundamentais para o sucesso que conquistaria com os anos. Esse tombo me fez descobrir que eu tinha medo de estar errado e isso mudou minha forma de pensar: passei de "Estou certo" para "Como sei que estou certo?". Assim, passei a me cercar de pessoas que desafiassem minha lógica, aumentando minhas chances de acerto ao espalhar apostas em opções não correlacionadas que considerei comparativamente boas.

Com esse episódio também comecei a aprender aquilo que considero um dos meus princípios mais importantes: Dor + Reflexão = Progresso.

A seguir, você vai encontrar uma página em branco com esse modelo. Quando partir para o exercício, lembre-se de não concentrar suas reflexões no arrependimento, porque o passado é imutável e o que você está buscando são lições para o futuro. Minha sugestão é sempre pensar em experiências passadas semelhantes e suas lições e buscar ouvir pessoas que passaram por experiências parecidas e se saíram bem. É possível que essa não seja a primeira vez que essa situação aconteceu, que você não seja o primeiro a passar por ela e que alguém tenha descoberto um jeito melhor de lidar com isso do que você.

CASO À MÃO

QUAL FOI O "UM DAQUELES"?

PRINCÍPIOS USADOS E COMO VOCÊ OS PESOU

REFLEXÕES

PRINCÍPIOS NOVOS

MEUS PRINCÍPIOS MAIS BÁSICOS

Nestas páginas, liste os princípios mais importantes para você e tenha todos para consulta em um só lugar.

GRANDES PRINCÍPIOS DE OUTRAS PESSOAS

Nestas páginas, registre os princípios de outras pessoas que você deseja aplicar em sua vida.

EXERCÍCIO 3

Domine o Processo de Cinco Etapas para conseguir o que você quer da vida

Nossa evolução pessoal é um processo. O valor de adotar bons princípios é inestimável para tal. Creio que, sendo capaz de executar bem as cinco etapas listadas a seguir, você provavelmente terá sucesso em qualquer empreitada.

1. Defina objetivos **claros.**

2. Identifique e não tolere os **problemas** que atrapalhem o alcance desses objetivos.

3. **Diagnostique** os problemas com precisão para chegar às suas raízes.

4. **Elabore** um plano para solucioná-los.

5. **Faça** tudo que puder para abrir caminho até os resultados.

Juntas, essas cinco etapas formam um ciclo progressivo, como veremos a seguir ao esmiuçar o processo. Primeiro, escolha aquilo que você vai buscar — ou seja, defina seus objetivos, sua direção. À medida que avançar, vai encontrar problemas e alguns deles vão expor suas fraquezas. Cabe a você decidir como reagir ao sofrimento causado por eles. Se quiser atingir seus objetivos, é necessário ficar calmo e ser analítico, de modo a diagnosticar seus problemas com precisão, elaborar um plano para superá-los e fazer tudo o que puder para abrir o caminho até os resultados. Por fim, cabe examinar os resultados obtidos e repetir o processo. Para evoluir a passos largos, adote essa metodologia de maneira rápida e contínua, estabelecendo objetivos cada vez mais ambiciosos.

CICLO EVOLUTIVO DE 5 ETAPAS

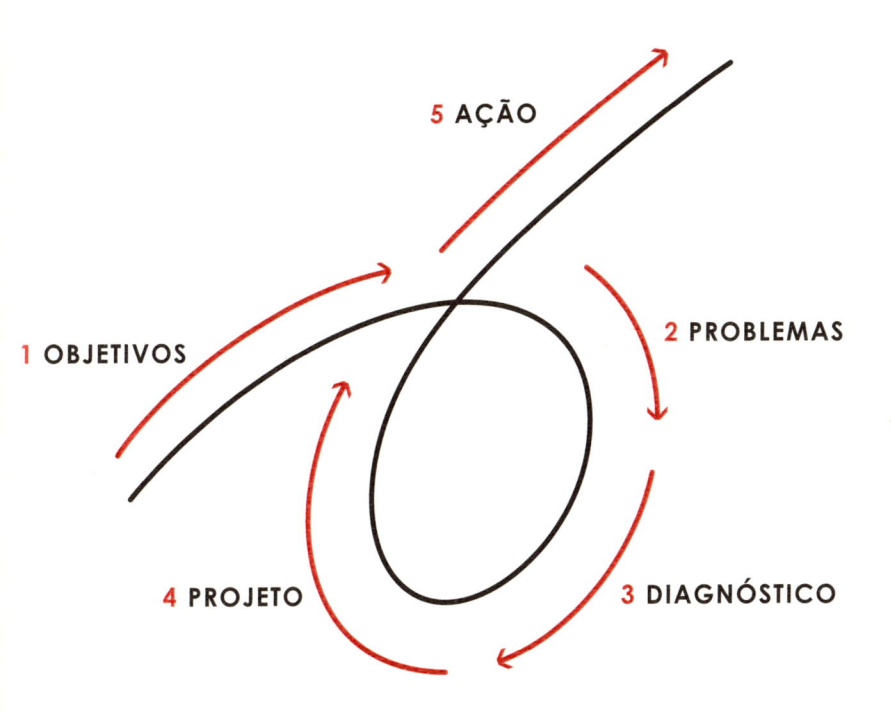

5 AÇÃO

1 OBJETIVOS

2 PROBLEMAS

4 PROJETO

3 DIAGNÓSTICO

Para ter sucesso, você precisa percorrer bem essas etapas, uma de cada vez e na ordem apresentada.

Por exemplo, ao definir os objetivos, foque nisso. Não pense em como vai atingi-los nem no que vai fazer se algo der errado. Quando diagnosticar os problemas, não pense em como vai resolvê-los — apenas faça o diagnóstico. Misturar as etapas gera maus resultados porque interfere na definição dos problemas reais. O processo é iterativo: realizar cada etapa de maneira meticulosa fornecerá as informações necessárias para avançar até a próxima etapa e cumpri-la bem.

É fundamental encarar esse processo com racionalidade e coerência, olhando para si de uma perspectiva exterior e com absoluta sinceridade. Se as emoções tomarem conta, dê um passo para trás e espere até ser capaz de refletir com clareza. Lembre-se de que você não precisa fazer isso sozinho, então busque a orientação de pessoas calmas e ponderadas. Para se manter centrado e eficiente, imagine que sua vida é uma arte marcial ou um jogo no qual é preciso contornar um desafio para conquistar um objetivo. Aceitando as regras, é questão de tempo até se acostumar ao desconforto de sucessivas frustrações.

Você nunca vai dar conta de tudo com perfeição: erros são inevitáveis, e é importante reconhecer e aceitar esse fato da vida. A boa notícia é que todo erro pode ensinar alguma coisa, então o aprendizado não tem fim. Você logo vai perceber que é inútil inventar desculpas como "não é fácil", "não parece justo" ou "não consigo" e que vale a pena forçar a barra para seguir adiante.

E se você não tiver todas as habilidades necessárias para alcançar o sucesso? Não se preocupe: ninguém tem. Por isso, basta saber quando e onde poderá obtê-las. Com a prática, você acabará encarando o jogo com a imbatível postura da calma e do foco e certamente ficará surpreso com a própria capacidade de conseguir o que deseja.

Hora de aplicar cada uma das cinco etapas a um dos seus objetivos.

ETAPA 1: ESCOLHA UM OBJETIVO CLARO

Você acha que é bom em estabelecer objetivos?

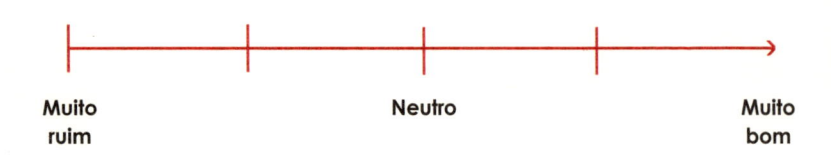

Muito ruim — Neutro — Muito bom

Você está confiante de que avalia com precisão sua capacidade de estabelecer objetivos?

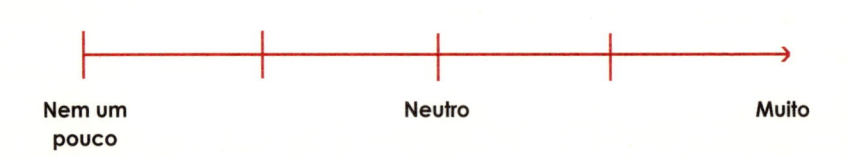

Nem um pouco — Neutro — Muito

Para ter uma vida espetacular, as pessoas costumam perseguir alguns objetivos simultaneamente. Existem objetivos de nível superior, os de nível menos superior e os do dia a dia. O ideal é que todos eles estejam bem alinhados e sejam consistentes. Neste exercício, você deve escolher apenas um. Para fazer uma boa escolha, reserve um minuto para refletir sobre os valores mais importantes para você, assim como seus impulsos ou motivações. Não importa se o objetivo é grande ou pequeno, ele deve estar alinhado com seus valores e ser o mais concreto possível. Por exemplo, para os propósitos deste exercício, "se tornar professor" é um objetivo melhor do que "mudar o mundo".

Descreva brevemente o objetivo que você escolheu.

DICAS:

- Para atingir seus objetivos, é preciso priorizar, o que significa rejeitar boas alternativas.
- É importante não confundir "objetivos" e "desejos". Um objetivo traz retorno em nível intelectual e deve estar alinhado com o que você quer emocionalmente. Um desejo é algo pelo qual você anseia, mas que pode até atrapalhar a realização do seu objetivo. Por exemplo, estar em boa forma física pode ser prejudicado pelo desejo de comer doces.
- Evite estabelecer objetivos com base no que você acha que pode alcançar. Não deixe que obstáculos imaginários limitem seu progresso.

ETAPA 2: IDENTIFIQUE E NÃO TOLERE OS PROBLEMAS

No caminho em direção ao seu objetivo, você vai encontrar obstáculos — ou seja, problemas.

Identifique um problema frequente que o impede de atingir o objetivo escolhido.

Escreva aqui o seu problema.

Esse é um problema que você tolera?

De modo geral, você acha que é bom em identificar problemas?

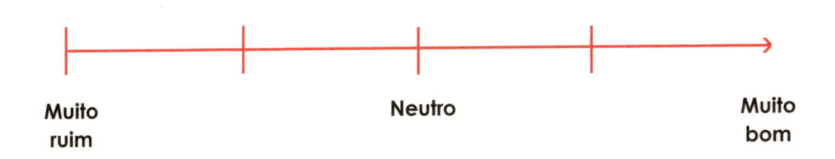

Muito ruim — Neutro — Muito bom

Você é bom em não tolerar problemas e mudar as coisas para eliminá-los ou reduzi-los?

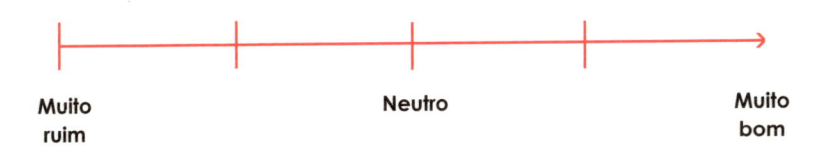

Muito ruim — Neutro — Muito bom

DICAS:

- Primeiro, identifique o problema (ou um resultado abaixo do ideal). Tente fazer isso de maneira simples e prática, sem especular as causas, por enquanto.
- Ao identificar problemas, é importante se manter centrado e racional. Seja muito preciso ao especificá-los. Por exemplo, em vez de dizer "as pessoas não gostam de mim", é melhor especificar quais pessoas não gostam de você e em quais circunstâncias.
- Não tolere seus problemas e tome cuidado com a Síndrome do Sapo na Panela de Água Quente. As pessoas têm uma forte tendência a se acostumar com coisas inaceitáveis, que as chocariam se vistas de fora.

ETAPA 3: DIAGNOSTIQUE O PROBLEMA PARA CHEGAR ÀS SUAS CAUSAS RAÍZES

Reflita sobre o objetivo e o problema anotados nas etapas anteriores. Agora, tente diagnosticar o problema e chegar às raízes por trás dele. De modo geral, eles acontecem quando alguém ou algo têm um desempenho ruim — e esse alguém pode ser você!

Faça as seguintes perguntas:

Qual foi o resultado ruim?

Quem é responsável pelo resultado? (ou seja, o Indivíduo Responsável)

O Indivíduo Responsável não atende às necessidades do projeto ou o projeto em si é ruim?

Com essas três grandes perguntas em mente, é provável que você se saia bem. É importante, no entanto, mantê-las num nível alto e não ficar preso a detalhes desnecessários. Se não ficar logo claro se o resultado foi ruim e quem especificamente foi o responsável, provavelmente você terá dificuldade para chegar à terceira pergunta.

A seguir, apresento um guia para responder a esses questionamentos gerais usando algumas perguntas simples. Embora tenham sido elaboradas principalmente para um ambiente de trabalho ou organizacional (onde os papéis, as responsabilidades e as maneiras mutuamente aceitas de fazer as coisas costumam ser a norma, mais do que fora do trabalho), elas também podem ser usadas como sugestões para pensar no diagnóstico de problemas fora do contexto corporativo. No caso de problemas relacionados aos seus objetivos pessoais, o diagnóstico geralmente se resume à terceira pergunta: o resultado ruim tem alguma relação com você (por exemplo, tentar uma coisa da qual não é capaz) ou com um plano/projeto ruim que você mesmo criou?

Ao se ver diante dessas provocações, lembre-se de que você não precisa necessariamente segui-las. Dependendo das suas circunstâncias, pode passar pelas perguntas rapidamente ou talvez precise de perguntas diferentes e mais detalhadas.

A máquina funcionou como deveria?

Se funcionou, o problema costuma ser algum fator imprevisto que o Indivíduo Responsável pode não ter percebido.

Também é verdade que, às vezes, imprevistos acontecem e é preciso ajustar o projeto de acordo com as mudanças.

Se não funcionou, o que deu errado?

Esta etapa, que chamo de "causa imediata", deve ser fácil se você tiver definido com clareza um mapa mental do funcionamento da máquina. Perguntas com respostas do tipo sim ou não costumam ser suficientes para chegar aos principais componentes desse mapa.

Por que as coisas não aconteceram como deveriam?

É aqui que você sintetiza a causa raiz e determina se o Indivíduo Responsável atende ou não às necessidades do projeto ou se o projeto em si é ruim.

- Relacione a falha ao Processo de Cinco Etapas. Qual etapa não foi bem executada? No fim das contas, tudo se encaixa nelas.

- Se precisar ser mais específico, tente definir a falha como um atributo-chave específico ou um conjunto de atributos. Faça perguntas do tipo sim ou não: a pessoa responsável não administrou bem? Não percebeu bem os problemas? Não executou bem?

- É importante fazer a seguinte pergunta a si mesmo: se o atributo X for bem-feito da próxima vez, o resultado ruim se repetirá? Este é um bom jeito de garantir que você esteja relacionando caso e resultado de maneira lógica. Pense da seguinte forma: se o mecânico trocasse aquela peça do carro, o problema seria resolvido?

- Se a causa raiz for um projeto ruim em si, não se limite a essa descoberta. Questione quem foi responsável por ele e se essa pessoa tem mesmo capacidade de elaborar projetos.

A causa raiz é um padrão?

Todo problema pode ser uma imperfeição isolada ou um sintoma de uma causa raiz recorrente. É importante fazer essa distinção.

Como as pessoas/máquinas devem evoluir como resultado disso?

Assegure-se de que a solução de curto prazo do problema foi abordada, conforme necessário. Determine as etapas a serem seguidas para as soluções de longo prazo e seus respectivos responsáveis.

- Existem responsabilidades que precisam ser atribuídas, reatribuídas ou esclarecidas?
- Existem máquinas que precisam ser retrabalhadas?

Ninguém é capaz de ver a si mesmo ou aos outros de maneira totalmente objetiva, mas estar disposto a tentar é parte essencial do diagnóstico de problemas que leva às causas raízes. Ou seja, é essencial para alcançar objetivos.

Você está disposto a avaliar a si mesmo e aos outros de maneira objetiva, por mais difícil que isso seja? Até que ponto está disposto a "tocar na ferida" fazendo perguntas difíceis, discutindo coisas desagradáveis, mesmo que isso leve a reações emocionais, e dando feedbacks difíceis a outras pessoas?

Pense na dor do olhar objetivo como a "dor de crescimento" pessoal.

No pain, no gain.
Não há ganho sem dor.

DICAS:

- Causas raízes e causas imediatas são coisas diferentes. As imediatas são as ações, ou a inação, que ocasionam os problemas e geralmente são descritas com verbos. Já as raízes são os motivos mais profundos por trás das causas imediatas e são reveladas por meio de adjetivos: "Não fiz X porque sou distraído."
- Lembre-se de que a causa raiz não é uma ação, mas um motivo. Um truque para encontrá-la é sempre perguntar "por quê?".

Você é bom em identificar as causas raízes dos problemas?

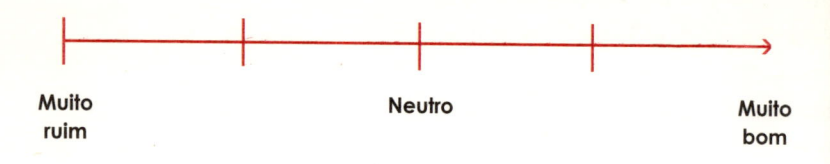

Muito ruim — Neutro — Muito bom

Sua visão a respeito da própria capacidade de identificar as causas raízes é precisa em que nível?

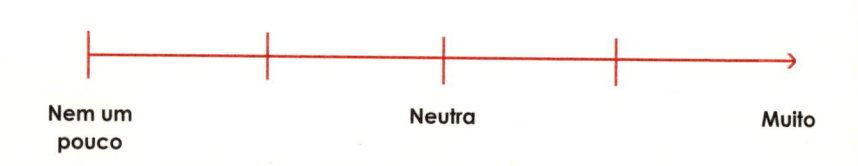

Nem um pouco — Neutra — Muito

Agora que refletiu bastante sobre as causas raízes do problema, é hora de elaborar um plano amplo para resolvê-lo.

ETAPA 4: ELABORE UM PLANO PARA REDUZIR OU ELIMINAR O PROBLEMA

Nesta etapa, você vai criar um plano para resolver as causas raízes identificadas na etapa anterior.

Reserve um minuto para voltar e rever suas respostas às três primeiras etapas deste exercício (estabelecer um objetivo, identificar um problema e diagnosticá-lo até chegar às causas raízes). Pense na resolução do problema de um jeito que leve em consideração as causas raízes.

Nesta fase inicial, seu plano deve ser muito amplo. Basta que ele não deixe de abordar as causas raízes identificadas.

Escreva um resumo do seu plano aqui. Os detalhes ficarão para a próxima etapa.

Agora refine seu plano com tarefas específicas e uma estimativa de cronograma. Quanto mais específico, melhor.

Você não precisa ser ótimo em elaborar o plano nem em especificar os itens da lista de tarefas. Pode pedir a ajuda de outras pessoas. Contanto que elabore um plano cuidadoso, com calma, e não pule direto do diagnóstico para a execução, você vai estar no caminho certo.

DICAS:

- Esboce o plano de forma ampla no início (por exemplo, "fazer mestrado") e, em seguida, refine-o acrescentando tarefas específicas e uma estimativa de cronograma (por exemplo, "nas próximas duas semanas, compilar uma lista das principais opções de faculdades e incluir os requisitos e prazos de inscrição de cada uma").
- Crie um projeto imaginando que você está escrevendo um "roteiro de filme" no qual visualiza quem vai fazer o quê e quando para atingir o objetivo. Ao elaborar o plano, pense nos cronogramas das várias tarefas interconectadas.
- Reconheça que o projeto é um processo iterativo. Entre um "agora" ruim e um "depois" bom, há um período de "transição trabalhosa". Nele, você testa diferentes processos e pessoas, vendo o que dá certo ou errado, aprendendo com as iterações e avançando em direção ao projeto ideal. Naturalmente, serão necessários alguns erros e aprendizados para chegar a um bom "depois".

Você acha que é bom em elaborar planos?

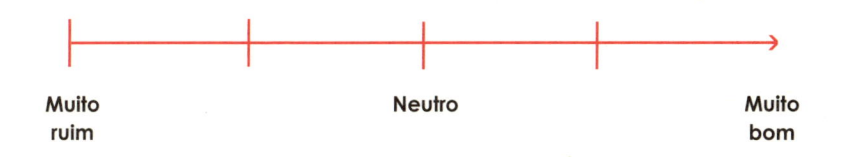

|—————|—————|—————|—————|————→

Muito ruim   Neutro   Muito bom

Sua visão a respeito da própria capacidade de elaborar planos é precisa em que nível?

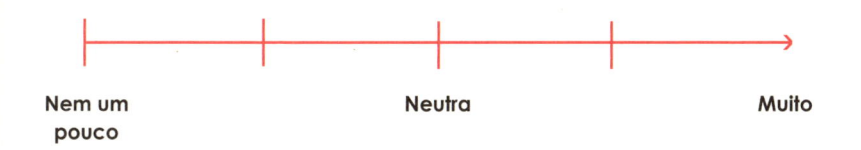

|—————|—————|—————|—————|————→

Nem um pouco   Neutra   Muito

ETAPA 5: FAÇA O QUE ESTÁ ESTABELECIDO NO PLANO

Um plano que não é seguido não vale muita coisa. Claro que cabe a você fazer o que se propôs.

Não sou especialista em produtividade nem em motivação — sempre fui movido pela emoção de seguir minhas paixões. Além dos muitos livros ótimos que existem por aí, recomendo também que você anote as melhores abordagens para fazer as coisas acontecerem. (Se quiser uma recomendação, achei *O poder do hábito*, de Charles Duhigg, muito útil para entender como o hábito influencia na obtenção de nossos objetivos.)

De modo geral, você acha que é bom em persistir para fazer seus planos acontecerem?

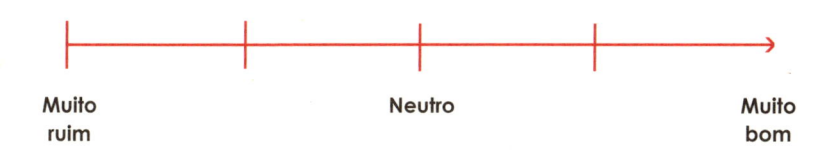

Muito ruim — Neutro — Muito bom

DICAS:

- Pessoas com bons hábitos de trabalho têm listas de tarefas com prioridades razoáveis e fazem questão de marcar cada item realizado. Pessoas com maus hábitos de trabalho são desorganizadas por natureza e não conseguem se obrigar a fazer o que não gostam ou coisas diferentes. Se você se identifica com essa descrição, existem muitas ferramentas que podem ajudá-lo a se manter no caminho certo.
- É fundamental ter ciência de suas tarefas diárias e a disciplina para executá-las.

Você acha que é bom em persistir?

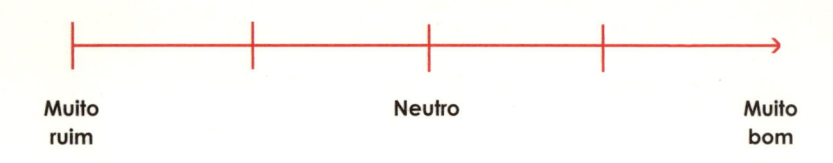

Muito ruim — Neutro — Muito bom

Sua visão a respeito da própria capacidade de persistir para realizar planos é precisa em que nível?

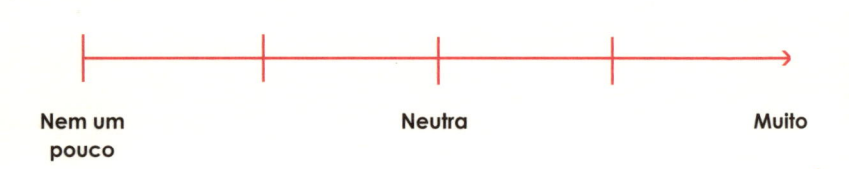

Nem um pouco — Neutra — Muito

Responsabilizar-se pela execução dos planos que você elabora requer determinação e autodisciplina, mas, se isso for muito desafiador para você, elabore seu plano levando isso em conta. Por exemplo, se sua meta é perder peso, mas ir à academia é difícil, que tal tentar encontrar um colega de treino?

Que estratégias ajudarão você a fazer o que se propôs?

Agora que cumpriu cada uma das etapas deste exercício, espero que tenha uma compreensão melhor do Processo de Cinco Etapas, de como elas se encaixam e como é possível aplicá-las para alcançar seus objetivos. Na próxima página, há um modelo para aplicar, e eu sugiro que faça uso dele à medida que avança na realização do que se propôs!

Qual é seu objetivo?
*Seja o mais concreto possível — isso irá ajudá-lo a medir
o progresso e elaborar um plano prático.*

Quais os problemas que atrapalham a realização do objetivo?
*Esses problemas podem ser potenciais (se você estiver começando)
ou reais que encontrou pelo caminho. Descreva-os com detalhes.*

Qual o diagnóstico que você faz desses problemas?
*Elabore uma análise completa que o leve à causa raiz
dos problemas. Veja instruções para tal na página 58.*

O que você fará para contornar esses problemas?
Analise atentamente o diagnóstico e pense de forma criativa em como contornar a causa raiz que identificou. Veja algumas dicas na página 64.

O que você fará para realizar o projeto?
Um plano sem tarefas bem definidas não é um plano. Esboce as próximas etapas e qual será sua motivação para realizá-las.

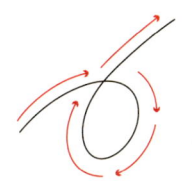

EXERCÍCIO 4

Aprenda a superar suas duas maiores barreiras e tirar o máximo proveito dos seus erros

As duas maiores barreiras do aprendizado e do crescimento são o ego e os pontos cegos.

Juntos, eles dificultam que você enxergue de maneira objetiva o que é verdade em relação a si mesmo e às suas circunstâncias e tome as melhores decisões possíveis tirando o máximo proveito da situação. Se você entender como funciona a máquina que é o cérebro humano, verá por que essas barreiras existem e como é possível ajustar seu modo de agir para ser mais feliz, mais eficiente e melhorar suas relações.

Neste exercício, explicarei essas duas barreiras e farei algumas perguntas para que você reflita sobre como interage com seu ego e seus pontos cegos.

A BARREIRA DO EGO

Quando me refiro à "barreira do ego", estou falando dos mecanismos de defesa subliminares que dificultam a aceitação de nossos erros e pontos fracos. Nossas necessidades e nossos medos mais profundos — como a necessidade de ser amado e o medo de perder o amor, a necessidade de sobreviver e o medo de não sobreviver, a necessidade de ser importante e o medo de ser descartável — se originam em partes primitivas do cérebro. Tal e qual a amígdala, essas partes são estruturas do lobo temporal que processam as emoções. Como essas áreas do cérebro não são acessíveis à percepção consciente, é praticamente impossível entender o que elas querem e de que modo nos controlam, uma vez que sua análise é simplista demais, e suas reações, instintivas. Elas anseiam por elogios e respondem às críticas como se fossem um ataque, mesmo quando as partes superiores do cérebro entendem que uma crítica construtiva faz bem para você. Elas o deixam na defensiva, ainda mais quando o assunto é a sua capacidade em alguma coisa.

A consciência de nível superior reside no córtex pré-frontal. É nele que você experimenta a percepção consciente da tomada de decisões (a chamada "função executiva"), bem como a aplicação da lógica e do raciocínio.

DOIS "EUS" LUTAM PARA CONTROLAR VOCÊ

Esse conflito universal funciona mais ou menos como a história de *O médico e o monstro*. Embora o "eu superior" não esteja ciente do "eu inferior", se você prestar muita atenção, conseguirá identificar quando eles estão discutindo entre si. Isso pode acontecer quando alguém fica "com raiva de si mesmo" e o córtex pré-frontal entra em conflito com a amígdala (ou outras partes inferiores do cérebro). Por exemplo: "Por que comi todo aquele bolo?" A resposta é: "Porque seu 'eu inferior' venceu o 'eu superior' mais ponderado."

Depois de entender que

a) eu lógico/consciente e

b) eu emocional/subconsciente brigam um com o outro,

dá para imaginar o que acontece quando seus dois "eus" lidam com os dois "eus" das outras pessoas. É um caos. Esse "eu inferior" é como um cão de guarda, que quer brigar mesmo quando o "eu superior" deseja entender as coisas. Essa relação é muito confusa porque você e as pessoas com quem está lidando normalmente sequer sabem que esse "eu inferior" existe, embora ele sempre tente tomar as rédeas do comportamento de todo mundo.

Sabe o que acontece quando alguém discorda de você e pede que explique seu pensamento? Como está programado para ver esses desafios como ataques, você fica com raiva, mesmo que seja mais lógico se interessar pela perspectiva da outra pessoa, ainda mais se ela for inteligente. Quando você tenta explicar seu comportamento, suas explicações não fazem sentido. Isso acontece porque o "eu inferior" está tentando falar por meio do "eu superior". Suas motivações profundas e ocultas estão no controle, então é quase impossível explicar logicamente o que o "eu" está fazendo. Mesmo as pessoas mais inteligentes costumam se comportar dessa maneira, o que é uma pena.

Para ser eficaz, você não deve permitir que a necessidade de estar certo seja mais importante do que sua necessidade de descobrir a verdade e como lidar com ela.

Se você tem muito orgulho do que sabe ou de ser bom em alguma coisa, vai aprender menos, tomar decisões piores e ficar aquém do seu potencial.

Em sua opinião, até que ponto as sensibilidades do ego fazem você se sentir mal ao cometer erros ou reconhecer suas fraquezas?

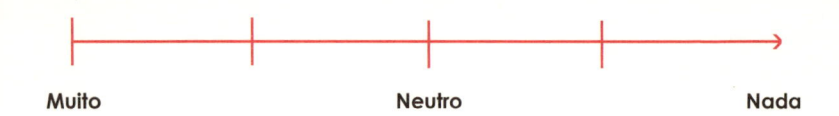

Muito — Neutro — Nada

Você sabe impedir que seu "eu inferior" assuma o controle?

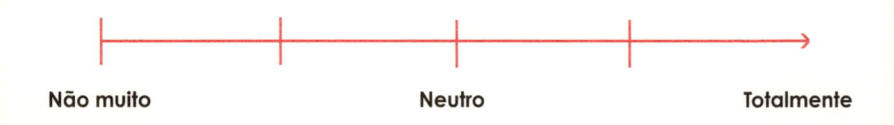

Não muito — Neutro — Totalmente

Observe que muitas coisas boas vêm do eu inferior — instintos, intuições, emoções, grande parte da criatividade —, então vale a pena trazer tudo isso à tona e alinhá-lo com os pensamentos conscientes.

O ego ferido pode nos deixar desmotivados. Conheço muitas pessoas bastante capazes e talentosas que consideram críticas desmotivadoras.

Você acha que os benefícios de ouvir críticas superam os custos ou vice-versa?

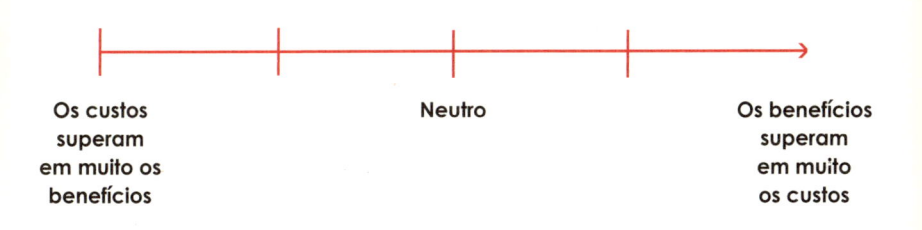

|———————|———————|———————|———————→

Os custos superam em muito os benefícios — Neutro — Os benefícios superam em muito os custos

Em geral, você considera as críticas motivadoras ou desmotivadoras?

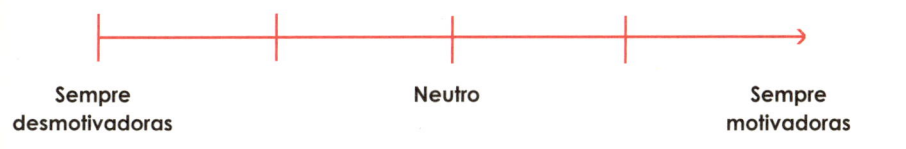

|———————|———————|———————|———————→

Sempre desmotivadoras — Neutro — Sempre motivadoras

É fácil lidar com elogios. Eles nos trazem uma sensação momentaneamente boa, mas não costumam ajudar as pessoas a aprender e evoluir. Se você reconhece que o caminho para a excelência é o aperfeiçoamento constante, fazer e receber críticas deve ser algo motivador e providencial. No fim deste exercício, você encontrará orientações e ferramentas para superar o ego e maximizar o aprendizado a ser extraído dos seus erros.

SUA BARREIRA DO PONTO CEGO

Além da barreira do ego, você (e todo mundo) também tem pontos cegos — áreas em que seu modo de pensar o impede de ver as coisas de forma otimizada. Assim como todos nós temos diferentes níveis de audição e percepção de cores, temos diferentes níveis de percepção e compreensão das coisas. Cada um vê o mundo à sua maneira. Por exemplo, algumas pessoas naturalmente focam em imagens amplas e perdem os detalhes, enquanto outras veem naturalmente os detalhes e abstraem o panorama geral; algumas pessoas pensam de forma linear enquanto outras de forma lateral; e assim por diante. Reconhecer a existência dessas diferenças nos permite lidar bem com elas e não as transformr em problemas.

É natural, portanto, que as pessoas não considerem aquilo que não veem. Assim como um indivíduo daltônico não sabe como são determinadas cores, uma pessoa que não consegue identificar padrões e sintetizar não sabe como é ver padrões e sintetizar. Essas diferenças no funcionamento do cérebro são muito menos aparentes do que as diferenças físicas, por exemplo. As pessoas daltônicas uma hora ou outra acabam descobrindo que são daltônicas, enquanto a maioria das pessoas jamais percebe ou entende de que forma seu modo de pensar turva sua percepção. Para dificultar ainda mais, não gostamos de admitir que nós e as outras pessoas temos pontos cegos, embora todos os tenhamos.

Quando você aponta um viés psicológico em alguém, geralmente isso é tão bem recebido quanto se você apontasse uma limitação física. Ferramentas como o teste PrinciplesYou ajudam as pessoas a explorá-los com objetividade e leveza.

Se for como a maioria das pessoas, você também não tem a menor ideia de como os outros enxergam o mundo e tem dificuldade em entender o que eles estão pensando, já que está mais preocupado em dizer a eles o que acha correto. Em outras palavras, sua mente é fechada e tende a suposições. Só que a mente fechada tem um preço muito alto. Ela faz várias possibilidades maravilhosas passarem batidas e você perde a chance de tomar consciência de ameaças graves. Mais importante, você se fecha para críticas que poderiam ser construtivas e vitais.

Até que ponto você está consciente dos seus pontos cegos?

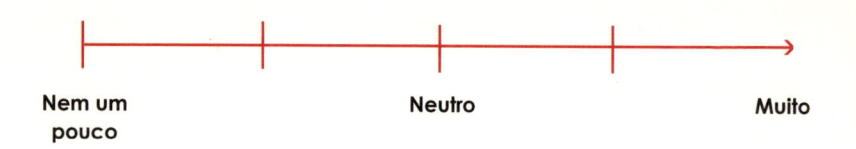

|————————|————————|————————|————————→

Nem um					Neutro						Muito
pouco

O que faz com que você se sinta confiante nessa resposta?

Marque nos exemplos a seguir os pontos cegos que identifica em si. Fique à vontade para acrescentar outros.

○ Ver o quadro geral

○ Observar detalhes importantes

○ Antecipar problemas

○ Planejar com cuidado

○ Inventar soluções criativas

○ Reconhecer oportunidades ocultas

○

○

○

○

○

Até que ponto as pessoas que o conhecem bem diriam que isso descreve com exatidão seus pontos cegos?

| Nem um pouco | | Razoavelmente | | Muito bem |

Até que ponto elas diriam que você lida bem com eles?

| Nada bem | | Mais ou menos bem | | Muito bem |

Graças a essas duas barreiras as pessoas continuam convencidas de que estão certas em uma discordância, e muitas vezes acabam com raiva umas das outras. Isso é ilógico e leva a decisões piores.

Quando duas pessoas chegam a conclusões opostas é provável que uma delas esteja errada. Não seria bom ter certeza de que esse alguém não é você?

Essa falha em se beneficiar do pensamento dos outros não ocorre apenas quando surgem divergências, mas também quando as pessoas estão tentando resolver problemas. Ao tentar entender o mundo, a maioria das pessoas fica girando em círculos, focada em si mesma, sem recorrer às maravilhosas contribuições externas que estão disponíveis. Como consequência, acabam indo sempre em direção ao que veem e esbarrando no que não enxergam até que a reincidência do impacto as leve à adaptação. Aqueles que se adaptam fazem isso porque:

a) ensinam o cérebro a funcionar de um jeito que não é natural (pessoas criativas aprendem a se organizar por disciplina e prática, por exemplo)

b) usam mecanismos de compensação (como lembretes programados)

c) contam com a ajuda de pessoas que são fortes nos pontos em que eles são fracos

Diferenças de pensamento podem ser simbióticas e complementares, em vez de incômodas.

Por exemplo, o pensamento lateral, mais comum entre pessoas criativas, pode levá-las a serem imprevisíveis, ao contrário de quem pensa de forma mais linear; algumas pessoas são mais emocionais, enquanto outras são mais lógicas; e assim por diante. Qualquer tipo de projeto complexo é inviável sem a colaboração de pessoas com pontos fortes complementares.

Aristóteles definiu a tragédia como um desfecho terrível decorrente de um erro fatal que, se tivesse sido corrigido, teria levado a um desfecho maravilhoso. Na minha opinião, essas duas barreiras — ego e pontos cegos — são os erros fatais que impedem pessoas inteligentes e trabalhadoras de atingirem seu potencial.

Quer aprender a superar essas barreiras?

Você consegue; todo mundo consegue.

Os princípios e as instruções a seguir vão ajudá-lo nesse propósito.

PRINCÍPIO

**Pratique a mente
radicalmente aberta.**

Se você sabe que tem um problema de visão, pode imediatamente descobrir um jeito de corrigi-lo. Se você não tem ciência dessa limitação, vai continuar se deparando com os problemas. Em outras palavras, reconhecer nossos pontos cegos e ter a mente aberta para considerar a possibilidade de que outras pessoas enxergam melhor — e que as ameaças e oportunidades que elas estão tentando apontar realmente existem — nos ajuda a tomar decisões melhores.

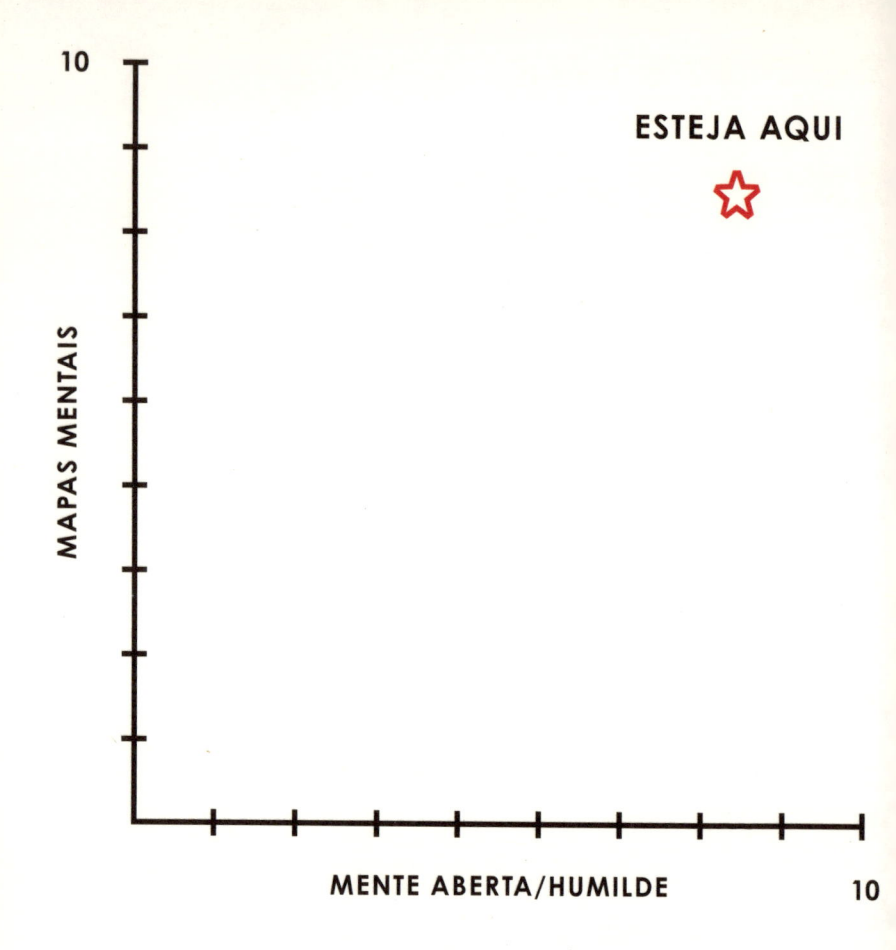

```
10 ┤
   ┤
   ┤
   ┤                                    ESTEJA AQUI
   ┤                                         ☆
   ┤
M  ┤
A  ┤
P  ┤
A  ┤
S  ┤
   ┤
M  ┤
E  ┤
N  ┤
T  ┤
A  ┤
I  ┤
S  ┤
   ┤
   ┤
   ┤
   ┼──┼──┼──┼──┼──┼──┼──┼──┼──┼──┼
              MENTE ABERTA/HUMILDE              10
```

PRINCÍPIO

Com humildade, busque entender seus mapas mentais e os das outras pessoas

Em geral, as pessoas que sabem o que fazer por conta própria dispõem de bons mapas mentais. Talvez os tenham conseguido por aprendizado; talvez sejam abençoadas com uma dose bem grande de bom senso. Da mesma forma, alguns indivíduos são mais humildes e mente aberta do que outros. Ter tanto a mente aberta quanto bons mapas mentais é muito poderoso, mas, no fim das contas, penso que a humildade pode ser ainda mais valiosa, visto que ela nos leva a buscar respostas melhores do que as que encontraríamos sozinhos.

APRENDENDO A TER A MENTE RADICALMENTE ABERTA

Aprender a ter a mente radicalmente aberta é uma das coisas mais importantes que você pode fazer para aumentar sua eficácia, porque assim é possível começar a enxergar muito mais coisas e aproveitar a inteligência dos outros, em vez de confiar apenas na sua. Vale a pena avaliar de maneira objetiva até que ponto você tem a mente aberta e se esforçar para praticá-la.

A maioria das pessoas não entende o que significa ter a mente radicalmente aberta. Elas a descrevem como "estar aberta à possibilidade de errar", mas se apegam com teimosia a opiniões ruins e não buscam entender o raciocínio por trás de pontos de vista alternativos. Ou, de um jeito equivocado, acreditam que ter a mente aberta é o mesmo que seguir cegamente o ponto de vista dos outros sem uma reflexão crítica. Chamo essa abordagem de "ter a mente aberta e ser assertivo ao mesmo tempo". Mesmo para quem entende o que é ter a mente radicalmente aberta, é muito difícil colocá-la em prática.

Use as instruções a seguir para pensar em quais passos você pode dar para mudar seu comportamento diário e ter a mente mais aberta.

Reflita sobre o quanto você concorda com cada afirmação.

Sou mais inclinado a fazer perguntas do que a dizer o que penso.

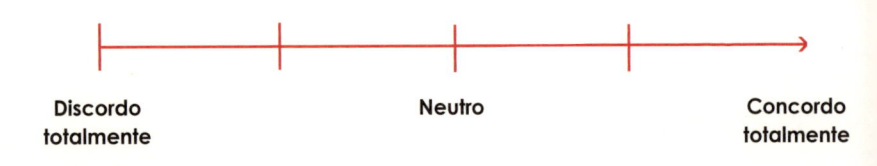

Discordo totalmente — Neutro — Concordo totalmente

Sou curioso e não julgo o que os outros pensam (por exemplo, crenças religiosas, culturais ou políticas).

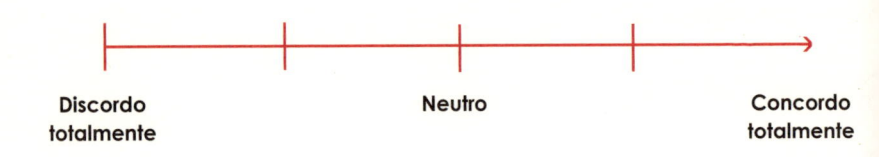

Discordo totalmente — Neutro — Concordo totalmente

Nos meios de comunicação e nas redes sociais, gosto de entrar em contato com informações que reflitam diferentes pontos de vista, em vez dos que reforcem o meu.

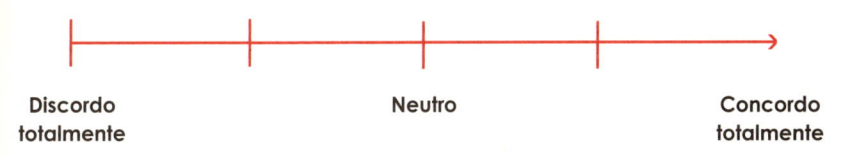

Discordo totalmente — Neutro — Concordo totalmente

A maioria das pessoas que me conhecem me descreveria como um bom ouvinte.

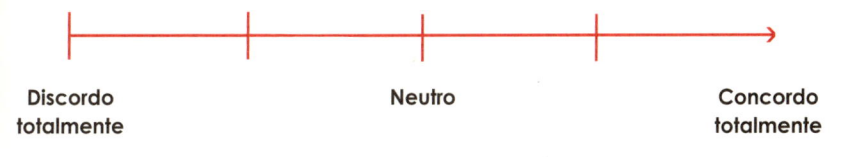

Discordo totalmente — Neutro — Concordo totalmente

É comum eu me exaltar durante um desentendimento.

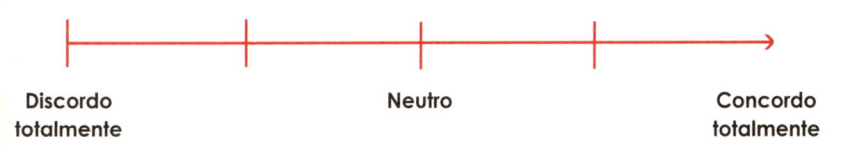

Discordo totalmente — Neutro — Concordo totalmente

Não verbalizo minhas observações e opiniões se elas forem diferentes do que os outros pensam.

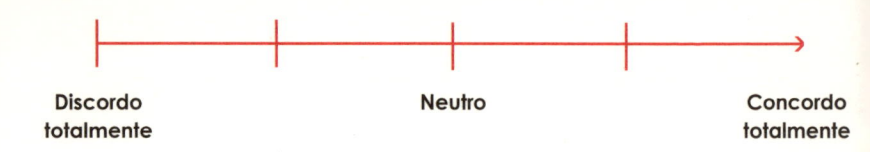

Discordo totalmente — Neutro — Concordo totalmente

Costumo fazer bem mais perguntas do que afirmações.

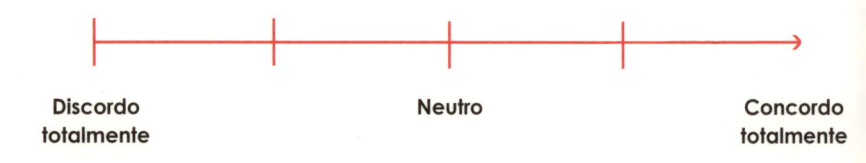

Discordo totalmente — Neutro — Concordo totalmente

Suas respostas às perguntas anteriores correspondem à realidade ou foram distorcidas para dar a impressão de que você tem a mente mais aberta?

Nem um pouco — Razoavelmente — Muito

Refletindo sobre suas respostas, você diria que tem a mente aberta ou fechada?

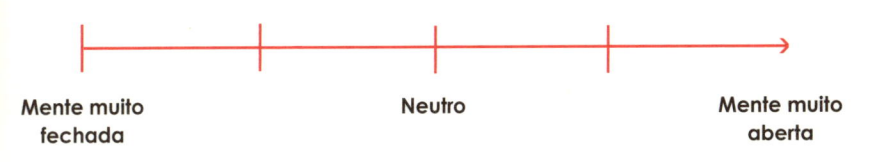

Mente muito fechada		Neutro		Mente muito aberta

Se você não tem a mente muito aberta, a boa notícia é que tem um tremendo e inexplorado potencial para aprender mais e tomar decisões muito melhores. Ter a mente radicalmente aberta é um hábito poderoso que a maioria das pessoas tem dificuldade em aderir. Mas, com a prática, isso pode ser aprendido, e o primeiro passo é refletir honestamente sobre como você responde a divergências e comentários ou o quanto sustenta suas opiniões. Da próxima vez que se vir em uma situação de conflito, pare e reflita sobre o quanto sua mente está verdadeiramente aberta. Você está mais inclinado a pensar "Estou certo" ou a se perguntar: "Como sei que estou certo?".

PRINCÍPIO

Triangule sua visão com pessoas confiáveis que estejam dispostas a discordar.

Você pode tomar decisões melhores valendo-se das boas ideias das pessoas ao seu redor. Pessoas inteligentes questionam outras pessoas inteligentes, e é assim que elas rapidamente se tornam ainda mais inteligentes. Descobri que meu processo de triangulação — questionar especialistas e incentivá-los a ter divergências ponderadas entre si — aumenta muito minhas chances de estar certo e me tornar mais sábio. Isso é mais verdadeiro quando os especialistas discordam de mim ou uns dos outros. Indivíduos inteligentes que discordam de maneira ponderada são os melhores professores, muito melhores do que aqueles que ficam na frente de um quadro dando aula. Todo conhecimento que adquiro acaba sendo transformado em princípios que desenvolvo e aperfeiçoo para aplicar no futuro.

Quando um assunto é complexo demais para ser compreendido no tempo necessário, eu repasso a questão para pessoas mais experientes e busco ouvir suas discordâncias ponderadas. Acho, no entanto, que a maioria das pessoas não faz isso. Elas preferem tomar as próprias decisões, mesmo quando não estão qualificadas para fazer os julgamentos necessários. Ao fazer isso, estão cedendo ao seu "eu inferior".

Se seguir essa abordagem, sei que posso tomar boas decisões em quase todas as áreas, mesmo naquelas sobre as quais não sei nada. Triangular bem com pessoas confiáveis e dispostas a discordar abertamente pode ter um efeito profundo na sua vida, assim como teve na minha.

COMO TIRAR O MÁXIMO PROVEITO DOS SEUS ERROS

Todo mundo erra. A principal diferença é que as pessoas bem-sucedidas aprendem com os erros e as malsucedidas, não. Ao criar um ambiente em que é seguro cometer erros e onde esses erros ajudam no aprendizado coletivo, você verá um progresso rápido e uma menor ocorrência de erros significativos. Isso é ainda mais verdadeiro em organizações onde a criatividade e o pensamento independente são importantes, pois o sucesso inevitavelmente exige aceitação do fracasso como parte do processo. Como disse Thomas Edison: "Eu não fracassei. Só descobri dez mil maneiras que não funcionam." É assim que ocorre o progresso.

Errar é doloroso, sim, mas não tente evitar que aconteça com você e com as pessoas ao seu redor. A dor avisa que algo está errado e ensina com eficácia que não se deve fazer isso outra vez. Para lidar bem com nossas limitações, devemos reconhecê-las com franqueza e buscar maneiras de evitar que se repitam. É nesse ponto que muitas pessoas dizem: "Não, obrigado, isso não é para mim. Prefiro não ter que lidar com essas coisas." Mas essa postura é contraproducente em âmbito pessoal e profissional e certamente impedirá a realização de seus objetivos.

Minha impressão é a de que, se olhar para si mesmo um ano atrás e não ficar chocado com seu nível de burrice, você não aprendeu muito. Ainda assim, poucas pessoas se esforçam para acolher os próprios erros. Não precisa ser assim.

Eu sempre acho que os pais e as escolas supervalorizam as respostas certas. Na minha experiência, os melhores alunos tendem a ser os piores em aprender com os próprios erros porque foram condicionados a associar erros a fracassos, não a oportunidades. Esse é um grande impedimento para o progresso deles.

Pessoas inteligentes que aceitam os próprios erros e as próprias fraquezas superam substancialmente os colegas que têm as mesmas habilidades, mas barreiras do ego maiores.

PRINCÍPIO

Reconheça que os erros são uma parte natural do processo evolutivo.

Se você não se importa com os erros que comete enquanto busca acertar, aumentará sua eficácia e aprenderá muito com isso. Mas se errar é um acontecimento imperdoável para você, isso não só impossibilitará o próprio crescimento, como também o fará se sentir mal e contaminar os outros, e seu ambiente de trabalho será marcado por fofocas mesquinhas e farpas venenosas, e não por uma busca saudável e honesta da verdade.

A busca pela razão não pode ser mais importante do que buscar a verdade. Jeff Bezos descreveu isso bem quando afirmou: "É preciso estar disposto a fracassar repetidas vezes. Caso contrário, você vai ter que tomar muito cuidado para não inventar."

Na minha empresa, criei uma ferramenta chamada "Registro de Ocorrências". Esse catálogo de erros tem como objetivo trazer todos os problemas à tona, colocá-los nas mãos de solucionadores e, assim, implementar melhorias sistemáticas.

O Registro de Ocorrências é como uma separação do lixo. Qualquer coisa que dê errado deve ser inserida no "Registro de Ocorrências", especificando a gravidade da questão e quem foi o responsável por ela (ou seja, é fácil buscar por todo tipo de situação no catálogo). Esses registros também mostram caminhos para diagnosticar os percalços e todo tipo de informações relacionadas. Nesse sentido, oferecem métricas eficazes de desempenho, pois permitem medir os números e os problemas que surgem (e identificar quem está contribuindo para eles e corrigindo-os).

Embora o Registro de Ocorrências tenha sido criado em uma organização, ele pode ser igualmente eficaz para ajudar as pessoas na busca de seus objetivos pessoais, por isso incluí um modelo na página a seguir. Organismos, organizações e indivíduos são sempre imperfeitos, mas capazes de evoluir. Assim, em vez de ficarmos parados e escondermos nossos erros para fingir que somos perfeitos, faz sentido descobrir nossas imperfeições e lidar com elas. A escolha é simples: extrair lições valiosas dos erros e seguir mais bem equipado rumo ao sucesso, ou não aprender nada e fracassar.

RESULTADO RUIM
Usando seu mapa mental como referência, descreva o resultado ruim e explique como as coisas deveriam ter acontecido (ou seja, "Este era o resultado esperado, mas aconteceu XYZ").

INDIVÍDUO RESPONSÁVEL
Quem foi responsável pelo resultado ruim? É importante pensar em termos de Indivíduos Responsáveis (em vez de pensar apenas no resultado em si) para evitar despersonalizar os problemas e deixar passar quem o causou.

GRAVIDADE (1-5)
O "1" indica um problema pequeno (embora uma repetição consistente de números 1 possa ser um grande problema). O "5" significa um problema catastrófico que é uma ameaça crítica para atingir o objetivo.

1   2   3   4   5

DIAGNÓSTICO
Quais as causas raízes do problema? Suas origens estão no Indivíduo Responsável ou no projeto? Consulte a página 58 para obter mais informações sobre o diagnóstico.

MUDANÇAS NAS PESSOAS/PROJETO
Um plano sem tarefas bem definidas não é um plano. Esboce as próximas etapas e o que o motivará a realizá-las.

Seu diário pessoal começa aqui

As páginas do diário estão quase totalmente em branco, preenchidas apenas com princípios e pensamentos para instigar seu raciocínio. Sinta-se à vontade para usá-las como quiser, anotando suas reflexões e seus princípios, tendo em mente o modelo compartilhado nas páginas 106-107.

PRINCÍPIO

A verdade — ou, sendo mais exato, uma compreensão precisa da realidade — é a base essencial de qualquer bom resultado.

A maioria das pessoas resiste a enxergar o que é certo, quando o que está diante dos olhos não corresponde àquilo que deseja. No entanto, lembre-se de que é mais importante entender e saber lidar com as coisas ruins, já que as coisas boas se resolvem sozinhas.

CASO À MÃO

QUAL FOI O "UM DAQUELES"?

PRINCÍPIOS USADOS E COMO VOCÊ OS PESOU

REFLEXÕES

PRINCÍPIOS NOVOS

PRINCÍPIO

Aproprie-se da realidade e lide com ela.

Não existe nada mais importante do que entender como a realidade funciona e aprender a lidar com ela, e seu estado mental faz toda a diferença nesse processo. Percebi que é importante pensar na minha vida como se fosse um jogo no qual cada problema é um quebra-cabeça que preciso montar. Ao resolvê-lo, um princípio precioso se revela, e ele me ajudará a evitar a repetição do problema em questão. Colecionar esses princípios aperfeiçoa minha capacidade de tomar decisões, de modo que possa alcançar níveis cada vez mais elevados, nos quais o jogo vai ficando mais difícil e as apostas aumentam.

PRINCÍPIO

Sonhos + Realidade + Determinação = Uma vida de sucesso

Pessoas bem-sucedidas e em constante evolução entendem muito bem as relações de causa e efeito que governam a realidade e lançam mão dos próprios princípios para conquistar o que desejam. O inverso também é verdadeiro: pessoas idealistas e com os pés meio fora do chão não progridem.

Lembre-se de que tudo o que está acontecendo com você aconteceu com muitas outras pessoas e muitas vezes antes.

PRINCÍPIO

Olhe para a máquina por uma perspectiva mais elevada.

Nossa habilidade singular de ver tudo de um ponto de vista mais elevado não se aplica apenas à compreensão da realidade e das relações de causa e efeito subjacentes, mas também à autoanálise e das pessoas ao redor. Chamo de "pensamento superior" essa capacidade de se distanciar das circunstâncias individuais e de terceiros para refletir de maneira objetiva. É ele que nos oferece a capacidade de analisar e influenciar as relações de causa e efeito, usando-o para alcançar os resultados desejados.

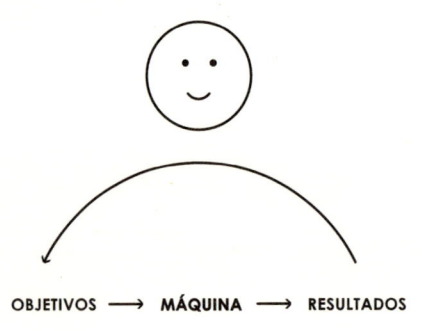

OBJETIVOS ⟶ MÁQUINA ⟶ RESULTADOS

medite!

PRINCÍPIO

Não fique preso à sua visão de como as coisas "deveriam" ser. Busque enxergar como elas são de fato.

É importante não deixar que nossas perspectivas atrapalhem a objetividade. Para ter bons resultados, precisamos ser analíticos em vez de emotivos.

Seja mais curioso do que orgulhoso em relação ao que você sabe.

PRINCÍPIO

É uma lei fundamental da natureza que, para ganhar força, é preciso ultrapassar os próprios limites — por mais doloroso que isso seja.

A maioria de nós evita a dor por instinto. Mas, como disse Carl Jung: "O ser humano precisa de dificuldades. Elas são necessárias para a saúde." A afirmação vale tanto para o fortalecimento do corpo (por exemplo, levantamento de peso) quanto o da mente (por exemplo, frustração, dificuldade de raciocínio, constrangimento, vergonha) — e mais ainda quando as pessoas confrontam a dura realidade das próprias imperfeições.

PRINCÍPIO

Dor + Reflexão = Progresso.

Não há como evitar a dor, ainda mais se seus objetivos forem ambiciosos. Acredite se quiser, com a abordagem correta, a dor se torna positiva, um sinal de que você precisa encontrar soluções para progredir. Se, em vez de evitá-la, você conseguir desenvolver uma reação reflexiva à dor psíquica, seu aprendizado e desenvolvimento serão muito mais velozes.

PRINCÍPIO

Não evite a dor; busque-a.

Em vez de pegar leve consigo mesmo,
busque um jeito de seguir em frente
mesmo com algum nível de desconforto,
pois isso vai acelerar sua evolução.
É duro, mas é assim que funciona.

PRINCÍPIO

Use a dor como inspiração para a reflexão.

A dor mental surge quando uma ideia à qual se tem muito apego é contestada. Isso é ainda mais verdadeiro quando envolve uma fraqueza sua. Essa reação desconfortável pode ser uma pista de que você talvez esteja errado e precisa pensar na questão de maneira qualitativa. Em primeiro lugar, mantenha a calma. Sei que isso pode ser difícil. Você provavelmente vai sentir um aperto no crânio (é sua amígdala esperneando), tensão no corpo ou uma crescente sensação de aborrecimento, raiva ou irritação. Observe esses sentimentos. Se analisar esses indicadores de mente fechada, poderá usá-los como ponto de partida para controlar seu comportamento e abrir a mente. Fazer isso com regularidade aumentará sua capacidade de manter o "eu superior" no controle. Quanto mais fizer isso, mais vai se fortalecer.

Continue refletindo sobre como a máquina funciona e como você pode fazê-la funcionar melhor.

PRINCÍPIO

Não se sinta mal em relação aos seus erros nem aos dos outros. Seja grato!

De um modo geral, os erros são fonte de mal-estar porque se pensa em maus resultados de maneira limitada. Já cogitou prestar atenção ao processo evolutivo do qual os erros são parte essencial? Certa vez, tive um instrutor de esqui que também tinha dado aulas para Michael Jordan. Ele me contou que o ícone do basquete adorava os próprios erros, encarando cada um deles como uma oportunidade para melhorar. Para ele, cada erro era peça de um quebra-cabeça que, depois de resolvido, renderia uma bela imagem. O aprendizado gerado por cada um desses erros vai evitar que milhares de outros semelhantes no futuro sejam cometidos.

PRINCÍPIO

Não se preocupe em ter uma boa imagem: atingir seus objetivos é mais importante.

Deixe as inseguranças de lado e não desista dos seus objetivos. Lembre-se de que críticas fundamentadas são o feedback mais valioso que há. Imagine como seria tolo e improdutivo responder ao instrutor de esqui como se ele o estivesse culpando quando explica que você caiu porque não passou o peso corporal de um ponto para outro corretamente. O mesmo acontece se um supervisor apontar uma falha no seu trabalho. Conserte-a e siga em frente.

PRINCÍPIO

Aproprie-se dos seus resultados.

Sejam quais forem as circunstâncias ao seu redor, você terá mais chances de sucesso e felicidade se assumir a responsabilidade por suas decisões, em vez de reclamar que as coisas estão fora do seu controle.

PRINCÍPIO

Responsabilize-se e valorize quem responsabiliza você.

Embora isso seja difícil para a maioria, algumas pessoas têm a capacidade e a coragem de responsabilizar os outros. Lembre-se de que essa é uma habilidade essencial para o desenvolvimento pessoal e profissional.

PRINCÍPIO

Existem muitos caminhos para atingir um mesmo objetivo.

Você só precisa encontrar um que funcione.

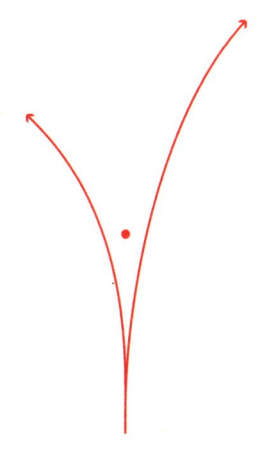

PRINCÍPIO

Jamais descarte um objetivo por julgá-lo inatingível.

Seja audacioso. Sempre existe um caminho que é o melhor possível. Sua tarefa é encontrá-lo e ter a coragem de segui-lo. O que você julga alcançável é apenas resultado do conhecimento de que você dispõe no momento. Depois de começar a busca, você aprenderá muito mais (ainda mais se triangular com outras pessoas), e surgirão caminhos até então desconhecidos. É claro que existem algumas impossibilidades ou quase impossibilidades, como ser pivô num time profissional de basquete se você for baixinho, ou correr um quilômetro em quatro minutos aos 70 anos.

Não ignore a natureza.
Mergulhe nela pelo menos
de vez em quando.

PRINCÍPIO

Seu futuro depende da sua perspectiva.

O rumo que sua vida terá depende diretamente da sua visão e das pessoas e coisas com as quais você se sente conectado (família, comunidade, país, humanidade, ecossistema, tudo). É preciso decidir até que ponto os interesses dos outros serão colocados acima dos seus e quem seriam esses "outros". Situações que vão obrigá-lo a fazer tais escolhas se apresentarão o tempo todo.

PRINCÍPIO

Não confunda as armadilhas do sucesso com o próprio sucesso.

É importante ter determinação para atingir os objetivos. Quem, no meio do caminho, fica obcecado por sapatos caros ou carros de luxo raramente encontra a felicidade. Quem não sabe o que quer de verdade não sabe com o que se satisfaz.

Ganhe mais do que você gasta. Isso vai lhe dar libadade, segurança e o poder de fazer o que quiser.

PRINCÍPIO

Estabeleça prioridades; embora seja possível ter praticamente tudo, ter "tudo" não é.

A vida é como um bufê gigante com tantas opções deliciosas que você não vai conseguir saborear tudo. Definir um objetivo significa rejeitar coisas que você deseja para ter outras coisas que você deseja ou necessita ainda mais. Algumas pessoas falham nesse ponto antes mesmo de começar. Com medo de rejeitar uma alternativa boa em prol de uma melhor, tentam alcançar vários objetivos ao mesmo tempo e acabam atingindo poucos, ou nenhum deles. Não desanime nem se deixe paralisar por todas as opções disponíveis. Você pode ter muito mais do que precisa para ser feliz. Faça sua escolha e siga adiante com ela.

PRINCÍPIO

Quase nada pode impedir o sucesso se você for
a) flexível e
b) capaz de assumir a responsabilidade pelos seus atos.

Flexibilidade é aquilo que lhe permite aceitar o que a realidade (ou as pessoas com mais conhecimento) ensina(m). Já assumir suas responsabilidades é essencial porque, quando se encara um objetivo não alcançado como um fracasso pessoal, o fracasso se mostra como um sinal de que você não foi criativo, flexível ou determinado o suficiente. E você ficará muito mais motivado para encontrar o caminho.

Lembre-se de que você não pode ser bom em tudo e, mesmo que fosse, não teria tempo para fazer tudo; então precisa trabalhar bem com os outros.

PRINCÍPIO

Todo mundo encontra pelo menos uma grande pedra no sapato no caminho para o sucesso; identifique a sua e livre-se dela.

Escreva qual é sua grande pedra no sapato (por exemplo, identificar problemas, elaborar soluções, buscar resultados) e por que ela existe (suas emoções atrapalham, você não consegue visualizar as alternativas). Embora seja provável que você e a maioria das pessoas tenham mais de uma grande pedra, removendo ou contornando a maior, sua vida vai melhorar demais. Se você trabalhar nisso, é quase certo que vai ser capaz de lidar com sucesso com sua maior pedra.

PRINCÍPIO

Aceite que talvez você não saiba qual é o melhor caminho. Nossa capacidade de lidar com o "não saber" é o mais importante dos conhecimentos.

A maioria das pessoas toma decisões ruins porque tem tanta certeza de estar certa ao ponto de não se permitir enxergar alternativas melhores. Pessoas de mente radicalmente aberta sabem que fazer as perguntas certas e pedir opiniões de valor é tão importante quanto ter todas as respostas. Elas entendem que não se pode tomar uma grande decisão sem vagar por um tempo num estado de "não saber". As possibilidades que habitam esse período de "não saber" são muito maiores e mais empolgantes do que qualquer outro conhecimento.

Quando duas pessoas discordam,
uma delas provavelmente está errada.
Você não gostaria de saber se
essa pessoa é você?

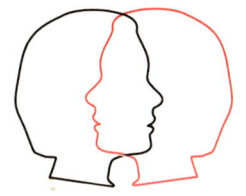

PRINCÍPIO

Saber a quem levar suas perguntas é uma das decisões mais importantes.

Descubra quem é o responsável pelo conhecimento que você deseja. Mas, antes de ouvi-lo, esteja certo de que ele é totalmente bem-informado e confiável. Ouvir pessoas desinformadas é pior do que ficar sem resposta.

Pergunte mais do que responda.

PRINCÍPIO

Não acredite em tudo que você escuta.

Dar uma opinião não custa nada, e quase todo mundo tem uma para compartilhar. Muitos vão enunciá-las como se fossem fatos, mas é importante não as confundir como tais.

PRINCÍPIO

Seja um imperfeccionista.

Os perfeccionistas perdem tempo demais com diferenças insignificantes às custas das coisas relevantes. Em geral, existem apenas de cinco a dez fatores importantes a serem considerados ao tomar uma decisão. É essencial entendê-los muito bem, mas lembre-se de que, após certo ponto, continuar se aprofundando (mesmo em coisas muito importantes) traz um retorno limitado.

PRINCÍPIO

Saber lidar bem com seus reveses é tão importante quanto saber avançar.

Às vezes você sabe que o fluxo do rio está indo em direção a uma cachoeira e não tem como evitá-la. A vida vai lançar desafios como esse em seu caminho e muitos vão parecer devastadores. Em tempos difíceis, seu objetivo pode ser manter aquilo que já conquistou, minimizar as perdas ou simplesmente encarar a inevitabilidade de um revés. Sua missão é sempre fazer as melhores escolhas possíveis sabendo que, em algum momento, será recompensado por isso.

Todo mundo erra.
A principal diferença
é que as pessoas
bem-sucedidas aprendem
com os erros, e as
mal sucedidas, não.

PRINCÍPIO

Saiba fracassar.

Todo mundo fracassa. Pessoas bem-sucedidas têm êxito apenas em seus pontos de interesse, mas garanto que também fracassam em várias outras áreas. As pessoas que mais respeito são aquelas que sabem fracassar. Sendo um processo doloroso, é preciso muito mais caráter para fracassar, mudar e só depois ser bem-sucedido do que ter sucesso de mão beijada. Quem se dá bem sem se esforçar não vai além dos próprios limites. Claro que as piores pessoas são aquelas que fracassam, não reconhecem e também não mudam.

PRINCÍPIO

**Para alcançar a excelência,
jamais aceite o inaceitável.**

No entanto, as pessoas fazem isso o tempo todo, em geral para evitar que os outros ou elas mesmas se sintam desconfortáveis, o que não é apenas retrógrado, como também contraproducente. Colocar o conforto à frente do sucesso gera resultados piores para todos. Eu amava meus colegas e, ao mesmo tempo, os incentivava a serem excelentes, esperando que eles fizessem o mesmo comigo.

PRINCÍPIO

Você não tem nada a temer por saber a verdade.

Se você for como a maioria, a ideia de encarar a verdade nua e crua deve deixá-lo ansioso. Meu conselho para superar isso é internalizar o quão nocivas são as mentiras e os seus resultados. Com a prática, é possível se acostumar a conviver com a verdade, por mais difícil que isso seja.

Seja forte!

PRINCÍPIO

Seja íntegro e cobre o mesmo dos outros.

Integridade vem da palavra latina *integritas*, que significa "um" ou "inteiro". As pessoas que são de um jeito por dentro e de outro por fora — ou seja, fragmentadas, duais — carecem de integridade. Embora às vezes, no calor do momento, pareça mais fácil mascarar sua visão (para evitar conflitos ou constrangimentos ou alcançar um objetivo de curto prazo), os efeitos negativos da dualidade são imensos. As pessoas que são diferentes por dentro e por fora estão sempre em conflito e muitas vezes perdem o contato com os próprios valores. Para elas é difícil ser feliz e quase impossível dar o melhor de si. A longo prazo, a integridade compensa.

PRINCÍPIO

Relacionamentos e trabalhos significativos se reforçam mutuamente, ainda mais quando apoiados pela verdade e transparência radicais.

Construir um relacionamento significativo implica que você e as pessoas com quem convive são capazes de debater abertamente sobre assuntos importantes, aprender juntos e entender a necessidade de cobrar responsabilidade para atingir o máximo de excelência. Quando você tem esse tipo de relacionamento com colegas de trabalho, um puxa o outro em tempos difíceis; ao mesmo tempo, compartilhar um trabalho desafiador aproxima os indivíduos e fortalece as relações. Esse ciclo se retroalimenta e gera o sucesso que permite buscar objetivos cada vez mais ambiciosos.

```
         ▲
        ╱ ╲
       ╱   ╲
   RELACIONAMENTOS   TRABALHO
   SIGNIFICATIVOS   SIGNIFICATIVO
     ╱   VERDADE    ╲
    ╱      &         ╲
   ╱  TRANSPARÊNCIA   ╲
  ╱     RADICAIS       ╲
 ─────────────────────────
        ← SUCESSO
```

Faça do seu trabalho a sua paixão. Trabalhe com as pessoas com quem você quer estar. Mas nunca se esqueça da contrapartida financeira.

PRINCÍPIO

Tenha a mente aberta e seja assertivo ao mesmo tempo.

Ser eficaz em desacordos ponderados exige que a pessoa tenha a mente aberta (aceite outros pontos de vista), seja assertiva (comunique seus pontos de vista com clareza) e flexível para se adaptar e aprender.

Sua capacidade de lidar bem com o "não saber" é o mais importante dos conhecimentos.

PRINCÍPIO

1 + 1 = 3.

Duas pessoas que colaboram bem serão cerca de três vezes mais eficientes do que se trabalhassem sozinhas, porque uma verá o que a outra pode não ver. Além disso, elas alavancam os pontos fortes uma da outra e se estimulam mutuamente na busca por padrões mais elevados.

PRINCÍPIO

Cuidado com quem tem vergonha de dizer "não sei".

É provável que essas pessoas estejam mais preocupadas com as aparências do que em atingir o objetivo, o que, a longo prazo, pode ser extremamente prejudicial.

Procure enxergar o mundo e as pessoas sem nenhum viés.

PRINCÍPIO

Conflitos são essenciais para ter bons relacionamentos. É por meio deles que as pessoas determinam se seus princípios estão alinhados e resolvem suas diferenças.

Todo mundo tem os próprios princípios e valores, de modo que os relacionamentos envolvem uma negociação ou debate sobre como as pessoas devem tratar umas às outras. O que uma aprende sobre a outra pode aproximá-las ou distanciá-las. Com princípios alinhados e contornando as diferenças de forma equilibrada, as relações se aproximam. Discutir abertamente as diferenças garante que não haja nenhum mal-entendido. Se isso não acontecer de forma contínua, as lacunas nas respectivas visões vão aumentar até que, inevitavelmente, haja um grande confronto e um possível afastamento.

PRINCÍPIO

Não evite conflitos importantes.

Embora seja mais fácil evitar confrontos no dia a dia, as consequências disso podem ser extremamente destrutivas a longo prazo. É fundamental que os conflitos sejam resolvidos de verdade — sem concessões superficiais, mas buscando conclusões importantes e precisas. Na maioria dos casos, esse processo deve ser transparente para as outras partes relevantes (e, às vezes, para toda a organização), tanto para garantir que as decisões sejam tomadas com qualidade, quanto para perpetuar a cultura de superar abertamente as disputas.

PRINCÍPIO

Valorize perspectivas alinhadas.

Embora não exista no mundo uma pessoa que compartilhe de todos os seus pontos de vista, existem pessoas que compartilham seus valores e sua forma de viver. Mantenha essas pessoas por perto.

PRINCÍPIO

Não tolere a permanência de um problema.

Tolerar um problema produz o mesmo resultado que não o identificar. Se você o tolera por acreditar que não pode ser solucionado, por não se importar o suficiente ou porque não é capaz de reunir as ferramentas para resolvê-lo, se falta força de vontade para ter sucesso, não há esperança para sua situação. Precisamos desenvolver intolerância feroz a todo tipo de revés, independentemente da gravidade.

Atingir a excelência exige um trabalho árduo.

PRINCÍPIO

Não se sinta frustrado.

Se não está acontecendo nada de ruim com você agora, espere um pouco porque vai acontecer. É um fato. A vida é o que é. Devemos sempre estar prontos para agir diante das dificuldades, em vez de perder tempo reclamando sobre como gostaríamos que as coisas fossem. Winston Churchill acertou em cheio quando disse: "O sucesso é ir de fracasso em fracasso sem perder o entusiasmo."

PRINCÍPIO

Não tenha medo de solucionar questões difíceis.

Às vezes as pessoas se permitem aceitar o inaceitável quando a solução para o problema é considerada muito difícil. No entanto, resolver problemas inaceitáveis é muito mais fácil do que lidar com todo o estresse, trabalho e efeito cascata que eles causam (além de uma possível demissão). Lembre-se de um dos primeiros princípios da administração: analise o feedback que está recebendo e corrija seus problemas ou leve ao seu superior, repetidas vezes se necessário. Não há alternativa mais fácil do que trazer os problemas à tona e colocá-los nas mãos de quem sabe solucioná-los.

Para ter a melhor vida possível, você só precisa:
1) Saber quais são as melhores decisões e
2) Ter a coragem de tomá-las.

EXERCÍCIO 5

Entenda o ponto da jornada da vida em que estão você e aqueles de quem você gosta

Este exercício pretende ajudá-lo a colocar em perspectiva tanto sua vida quanto a das pessoas de quem você gosta e a planejar o futuro para ter a vida que deseja.

Espero que esse ensinamento seja valioso para você assim como foi para mim e para as pessoas com quem compartilhei. Optei por deixar essa parte no fim do diário para diminuir a quantidade de exercícios logo de cara, mas você pode fazê-los quando quiser.

Como você sabe, descobri que quase tudo se repete pelos mesmos motivos. Portanto, para entender qualquer coisa, vale a pena estudar como um caso típico se desenrola e observar suas relações de causa e efeito. Com esse caso típico em mente, podemos observar as diferenças entre os casos individuais e o caso típico para entender sua lógica e suas causas.

Neste exercício, vou pedir que você olhe para o arco do tempo humano típico e para o seu arco do tempo.

A proposta deste exercício é imaginar o que provavelmente acontecerá se você se planejar e souber lidar com a situação quando chegar a hora. Nem todos os arcos do tempo são iguais, e nenhum é melhor do que o outro — cada pessoa tem sua jornada única, reflexo das circunstâncias que enfrentou e das decisões que tomou. Ao mesmo tempo, a maioria dos arcos do tempo é bem semelhante e difere por poucos motivos. Por exemplo, na época em que este livro foi escrito, a vida arquetípica dura cerca de 80 anos e evolui em três fases bem distintas, com duas fases de transição com cerca de cinco a dez anos entre elas. É inestimável entender esse arco temporal e como deve se aplicar à sua vida, e, mesmo que seu arco do tempo tenha pouca semelhança com o arco humano típico, refletir sobre o seu será de grande valia.

AS TRÊS FASES DO ARCO DO TEMPO DA VIDA

Na primeira fase, você aprende com os outros e depende deles. É quando está na escola e permanentemente sob a supervisão de alguém. Na segunda, você trabalha e os outros dependem de você. É o momento de buscar sucesso profissional, familiar e enfrentar o desafio de equilibrar trabalho e vida pessoal. Na terceira fase, você está livre de tudo isso para aproveitar a vida sem obrigações e pode morrer em paz. Na transição da segunda para a terceira fase, você está naturalmente inclinado a transmitir seu conhecimento, deixando um legado de conhecimento que sobreviva a você. Essa é a fase em que estou agora, o que me motiva a repassar estas reflexões e outras coisas que aprendi.

Embora você não possa mudar a fase em que está, é importante ter clareza sobre isso em relação a você e às pessoas de quem gosta, podendo, assim, se planejar e se adaptar bem.

A ilustração nas páginas seguintes mostra um arco do tempo humano típico. Ela é cronológica, desde o nascimento até a morte. Estime seu ponto no arco. Não precisa ser o ponto exato, porque a vida em si não é exata, nem levar em conta os eventos individuais citados (só se quiser) para identificar sua localização aproximada.

Do ponto onde você está, confira a lista de verificação de eventos e veja por quais desses marcos já passou. Observando o caminho percorrido, é mais fácil identificar para onde está indo.

O ARCO DA VIDA

- ☐ Conseguir um emprego estável
- ☐ Ter vários relacionamentos afetivos
- ☐ Fracassar em alguma coisa importante
- ☐ Ter sucesso em alguma coisa importante
- ☐ **Aprender com seus erros e acertos**
- ☐ Alugar um lugar para morar pela primeira vez
- ☐ Mudar de emprego
- ☐ Mudar de carreira
- ☐ Ter um relacionamento afetivo muito profundo
- ☐ Se casar
- ☐ Comprar uma casa ou um apartamento
- ☐ Ser chefe no trabalho
- ☐ **Ter o primeiro filho**

- ☐ **Cursar uma pós-graduação**
- ☐ Terminar a faculdade
- ☐ **Começar a faculdade**
- ☐ **Escolher uma carreira**
- ☐ Primeiro carro
- ☐ Primeiro amor de verdade
- ☐ Primeiro emprego remunerado
- ☐ Primeiro relacionamento afetivo
- ☐ Terminar o ensino médio
- ☐ Começar o ensino médio
- ☐ Terminar o ensino fundamental
- ☐ Começar o ensino fundamental
- ☐ Primeiro dia de aula
- ☐ Nascer

0

- ☐ **Ter outro(s) filho(s)**
- ☐ Receber uma promoção importante
- ☐ Atingir o fundo do poço
- ☐ Perder muito dinheiro
- ☐ Se divorciar
- ☐ Levar um susto sério por uma questão de saúde
- ☐ Filho caçula vai para a faculdade
- ☐ Primeiro progenitor morre
- ☐ Alcançar a segurança financeira
- ☐ Segundo progenitor morre
- ☐ **Começar a ajudar os outros a terem sucesso sem você**
- ☐ Se aposentar

- Continuar ajudando os outros a terem sucesso sem você ☐
- Neto(s) ☐
- Curtir a família ☐
- Curtir os amigos ☐
- Buscar hobbies e viajar ☐
- Amigos morrem ☐
- **Se preparar para sua morte e a morte dos seus entes queridos** ☐
- Cônjuge morre ☐
- Ter uma doença fatal ou sofrer um acidente ☐
- Lutar pela vida ☐
- Falecer ☐

~80

COMO PREENCHER O ARCO

Marque onde você está no arco. Em seguida, no arco a seguir, marque onde estão as pessoas que mais importam para você, anotando suas iniciais.

Depois, veja os eventos que devem estar por vir para você e para as pessoas de quem gosta muito, projetando onde vocês estarão em dez anos e o que pode acontecer até lá.

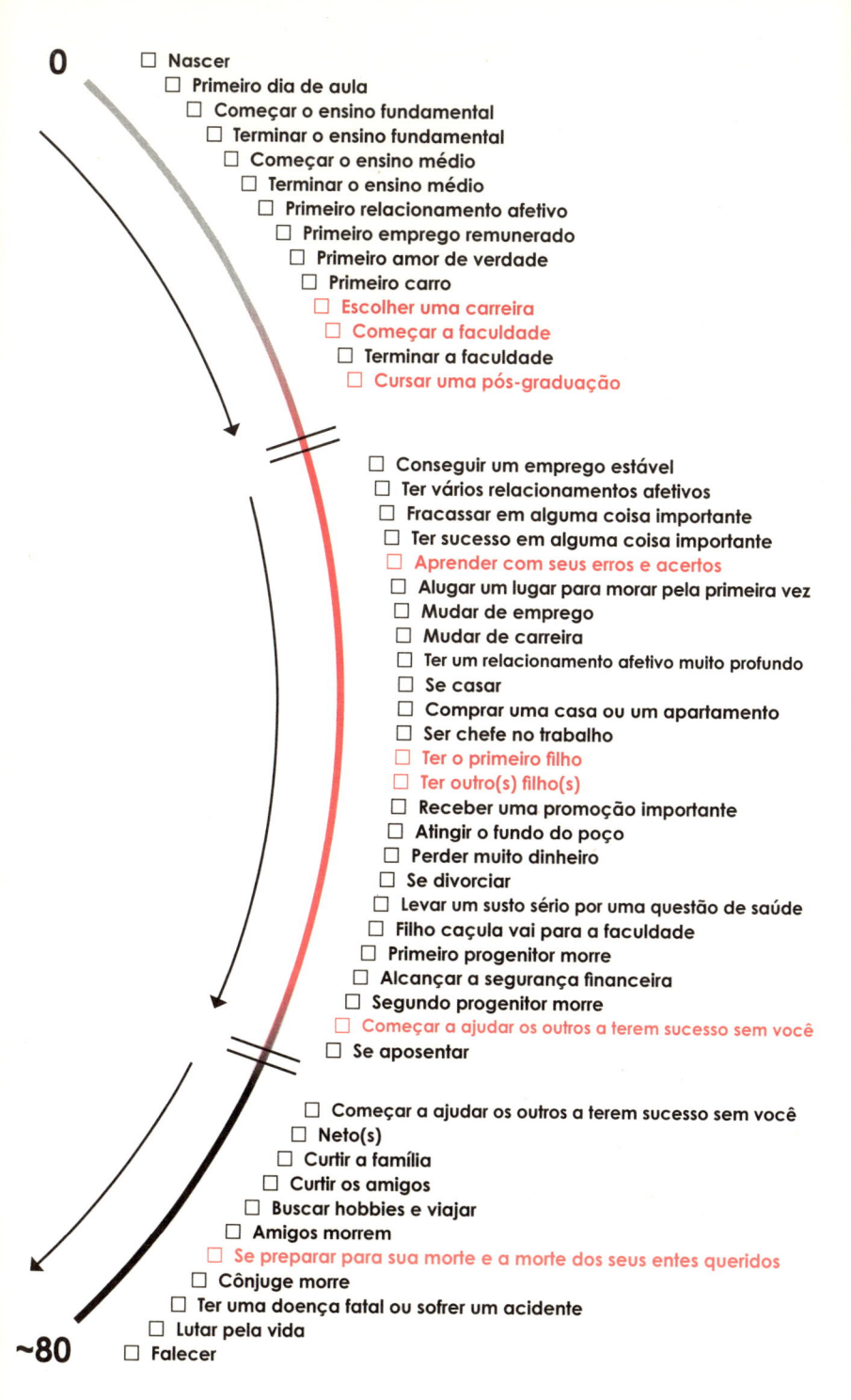

0

- ☐ Nascer
- ☐ Primeiro dia de aula
- ☐ Começar o ensino fundamental
- ☐ Terminar o ensino fundamental
- ☐ Começar o ensino médio
- ☐ Terminar o ensino médio
- ☐ Primeiro relacionamento afetivo
- ☐ Primeiro emprego remunerado
- ☐ Primeiro amor de verdade
- ☐ Primeiro carro
- ☐ Escolher uma carreira
- ☐ Começar a faculdade
- ☐ Terminar a faculdade
- ☐ Cursar uma pós-graduação

- ☐ Conseguir um emprego estável
- ☐ Ter vários relacionamentos afetivos
- ☐ Fracassar em alguma coisa importante
- ☐ Ter sucesso em alguma coisa importante
- ☐ Aprender com seus erros e acertos
- ☐ Alugar um lugar para morar pela primeira vez
- ☐ Mudar de emprego
- ☐ Mudar de carreira
- ☐ Ter um relacionamento afetivo muito profundo
- ☐ Se casar
- ☐ Comprar uma casa ou um apartamento
- ☐ Ser chefe no trabalho
- ☐ Ter o primeiro filho
- ☐ Ter outro(s) filho(s)
- ☐ Receber uma promoção importante
- ☐ Atingir o fundo do poço
- ☐ Perder muito dinheiro
- ☐ Se divorciar
- ☐ Levar um susto sério por uma questão de saúde
- ☐ Filho caçula vai para a faculdade
- ☐ Primeiro progenitor morre
- ☐ Alcançar a segurança financeira
- ☐ Segundo progenitor morre
- ☐ Começar a ajudar os outros a terem sucesso sem você
- ☐ Se aposentar

- ☐ Começar a ajudar os outros a terem sucesso sem você
- ☐ Neto(s)
- ☐ Curtir a família
- ☐ Curtir os amigos
- ☐ Buscar hobbies e viajar
- ☐ Amigos morrem
- ☐ Se preparar para sua morte e a morte dos seus entes queridos
- ☐ Cônjuge morre
- ☐ Ter uma doença fatal ou sofrer um acidente
- ☐ Lutar pela vida

~80
- ☐ Falecer

PARA VOCÊ

Examinando as fases do seu arco, observe se as descrições combinam com suas experiências.

Concentre-se nas que estão em vermelho porque são as mais cruciais, as que afetam os caminhos que você está seguindo. Quando se vir em uma dessas conjunturas, será mais importante ainda refletir bem para saber como agir. Para isso, você pode recorrer ao que foi explicado anteriormente neste diário.

Nossas escolhas têm grandes implicações na vida que teremos. Como você vai ver, embora o arco básico da vida seja praticamente o mesmo para a maioria das pessoas, os caminhos que tomamos ao longo da vida afetam o tipo de jornada que vivemos.

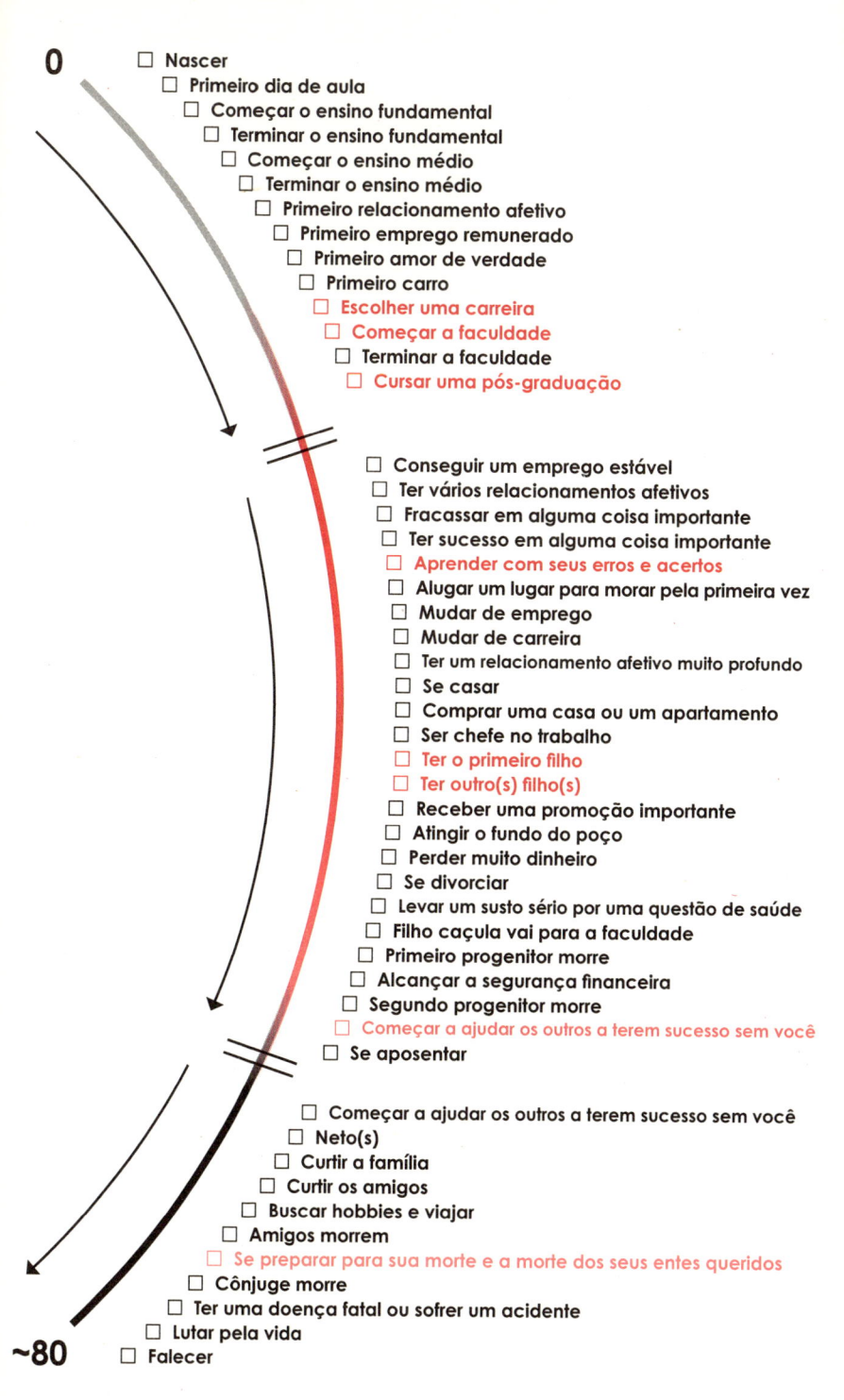

0

- ☐ Nascer
- ☐ Primeiro dia de aula
- ☐ Começar o ensino fundamental
- ☐ Terminar o ensino fundamental
- ☐ Começar o ensino médio
- ☐ Terminar o ensino médio
- ☐ Primeiro relacionamento afetivo
- ☐ Primeiro emprego remunerado
- ☐ Primeiro amor de verdade
- ☐ Primeiro carro
- ☐ Escolher uma carreira
- ☐ Começar a faculdade
- ☐ Terminar a faculdade
- ☐ Cursar uma pós-graduação

- ☐ Conseguir um emprego estável
- ☐ Ter vários relacionamentos afetivos
- ☐ Fracassar em alguma coisa importante
- ☐ Ter sucesso em alguma coisa importante
- ☐ Aprender com seus erros e acertos
- ☐ Alugar um lugar para morar pela primeira vez
- ☐ Mudar de emprego
- ☐ Mudar de carreira
- ☐ Ter um relacionamento afetivo muito profundo
- ☐ Se casar
- ☐ Comprar uma casa ou um apartamento
- ☐ Ser chefe no trabalho
- ☐ Ter o primeiro filho
- ☐ Ter outro(s) filho(s)
- ☐ Receber uma promoção importante
- ☐ Atingir o fundo do poço
- ☐ Perder muito dinheiro
- ☐ Se divorciar
- ☐ Levar um susto sério por uma questão de saúde
- ☐ Filho caçula vai para a faculdade
- ☐ Primeiro progenitor morre
- ☐ Alcançar a segurança financeira
- ☐ Segundo progenitor morre
- ☐ Começar a ajudar os outros a terem sucesso sem você
- ☐ Se aposentar

- ☐ Começar a ajudar os outros a terem sucesso sem você
- ☐ Neto(s)
- ☐ Curtir a família
- ☐ Curtir os amigos
- ☐ Buscar hobbies e viajar
- ☐ Amigos morrem
- ☐ Se preparar para sua morte e a morte dos seus entes queridos
- ☐ Cônjuge morre
- ☐ Ter uma doença fatal ou sofrer um acidente
- ☐ Lutar pela vida
- ☐ Falecer

~80

OBSERVANDO AS FASES MAIS DE PERTO

PRIMEIRA FASE

Na primeira fase, você nasce com algumas inclinações naturais e em circunstâncias específicas e únicas. Salvo pequenas diferenças, essa é a fase em que todos dependemos de supervisão e orientação constantes e passamos por quatro subfases, que correspondem à pré-escola, ao ensino fundamental 1, ao ensino fundamental 2 e ao ensino médio.

Em cada subfase, o cérebro está projetado para aprender coisas diferentes. Por exemplo, nos anos pré-escolares, o bebê e depois a criança pequena desenvolvem vários graus de segurança, curiosidade e determinação; no ensino fundamental 1, a criança é mais receptiva ao aprendizado de interações sociais e linguagens; no ensino fundamental 2, a puberdade muda muito a função cerebral, portanto, é importante ajudá-las nessa transição; e nos últimos anos da puberdade, já no ensino médio, o cérebro está mais suscetível a aprender habilidades sociais, emocionais e analíticas.

Não vou me aprofundar no

desenvolvimento da primeira infância porque não sou especialista no assunto e meu foco aqui é apenas o arco de forma geral, mas quero ressaltar que todos os especialistas concordam que o modo como o cérebro funciona e o que ele está pronto para aprender muda muito durante a puberdade (que normalmente começa por volta dos 9-11 anos). Essa é a idade em que as crianças estão se transformando em jovens adultos e são muito mais capazes de pensar por si mesmas. Nessa etapa, o cérebro é naturalmente motivado a se descobrir e se orientar, o que pode levar a comportamentos construtivos ou destrutivos.

Um ponto em comum dos pensadores independentes mais bem-sucedidos que conheci é que, por volta dos 12 anos, todos já desenvolveram o interesse pelos assuntos que vão perseguir durante a maior parte da vida e nos quais vão se tornar excelentes.

É o que eu chamo de caminho "auto-orientado com sucesso"

Mesmo correndo o risco de simplificar demais, quem não seguiu esse caminho foi pelo caminho de "seguir as instruções dos outros" ou pelo de "buscar independência e estímulo com atividades e substâncias prejudiciais". Muitas vezes, esses três caminhos se sobrepõem, por isso não são bem definidos e podem mudar, mas não muito, porque a fase dura poucos anos. Eles preparam o cenário para o que vem a seguir, por isso o caminho escolhido tem uma influência importante sobre o futuro.

Se você estiver na primeira fase da vida, pense em qual caminho deseja seguir. Se já passou dessa fase, pense no caminho escolhido e na influência que ele teve; e, se estiver orientando uma criança nessa fase, pense no caminho para o qual deseja encaminhá-la. Sugiro que anote suas reflexões para consultá-las depois. Uma das grandes dificuldades dessa primeira fase da vida é até que ponto deve-se seguir instruções no que se refere à permissão para pensar e aprender por conta própria. Em sua maior parte, a primeira fase (até a formatura no ensino médio ou na faculdade) consiste em ser orientado a se comportar como aqueles que o orientam gostariam que você se comportasse e a processar informações como lhe ensinaram.

Não há muitas oportunidades de descobrir sozinho o que você quer e o que deve fazer para realizar, mas essa é a habilidade mais importante para atingir seus objetivos. Saber receber a orientação de outras pessoas e aprender a pensar por si mesmo são fundamentais para o desenvolvimento pessoal durante essa fase, principalmente nos últimos anos da puberdade.

O período do ensino médio está entre os mais divertidos e desafiadores, porque os hormônios estão em ação, o indivíduo goza de uma liberdade maior, um desejo instintivo de ser mais independente daqueles que o supervisionam, além de encarar as pressões para se preparar para o que está por vir (por exemplo, tirar notas altas para entrar numa boa faculdade). Essas circunstâncias costumam ser intensificadas no terceiro ano do ensino médio. Durante esses anos, não há muito tempo para pensar na própria vida, porque você provavelmente está focado em decisões importantes relacionadas ao que vem a seguir, como entrar numa boa faculdade. Se não estiver progredindo, é melhor se esforçar para isso ou estar extremamente motivado para ir atrás do que deseja para si, porque as pessoas que não se esforçam nem estão motivadas tendem a ser negligenciadas e têm resultados piores.

Enquanto você atravessa essa fase crítica em que deve decidir o que deseja, lembre-se:

1. Embora talvez já saiba do que gosta ou não gosta, você ainda não sabe quase nada sobre qual é a melhor direção para sua vida.

2. Maximize suas opções maximizando a opinião das pessoas-chave sobre você.

3. É sensato seguir um caminho que ao mesmo tempo você goste e lhe dê uma variedade de escolhas.

Uma boa educação pode ser uma ferramenta de empoderamento e fonte de alegria. Ao mesmo tempo, sentir o que o atrai e se permitir aprender e adquirir habilidades com isso é igualmente importante. Se você é responsável por orientar pessoas que estão na primeira fase (por exemplo, se é um pai ou uma mãe que está na segunda fase), reflita sobre como conseguir um equilíbrio entre orientar e permitir pensamentos e escolhas independentes. Tente fazer as duas coisas e faça bem. Essa subfase do ensino médio pode ser desafiadora para o relacionamento entre pais e filhos. É difícil avaliar as compensações entre opções diferentes, e pode haver discordâncias em relação à independência.

Depois do ensino médio, em geral vem a faculdade ou se pula direto para a segunda fase, arrumando um emprego. O caminho que você segue (assim como a faculdade ou o trabalho que começa) vai colocá-lo em caminhos diferentes na jornada da vida. Em geral, essa decisão não é tomada pelas próprias pessoas, porque vai ser ditada pelas circunstâncias que as levaram a esse ponto.

Se você for para a faculdade, normalmente terá muito mais liberdade e diversão com os amigos, além de um estímulo intelectual maior. Mesmo assim, pode ser difícil descobrir suas preferências e como se comportar, bem como se defrontar com inseguranças e/ou sua arrogância, típicas dessa fase (o equilíbrio leva anos para ser atingido). Durante esses anos da faculdade, você provavelmente ainda vai receber mais orientações do que ser um livre-pensador, pois a maior parte da sua vida está definida. A única decisão realmente importante a tomar é seu curso de graduação.

A próxima fase vai começar quando você terminar a formação acadêmica e começar a trabalhar. O primeiro emprego, no qual você é pago para fazer algo, lhe dá experiências do mundo real que oferecem aprendizados importantes o futuro.

Anote quantos dos quinze eventos dessa fase você já viveu. Considere essa porcentagem como a "porcentagem do primeiro estágio típico do arco da vida".

Escreva quais caminhos você seguiu — por ex., buscas produtivas que fez por instinto, o caminho traçado por outras pessoas, ou buscas improdutivas que fez por instinto.

Agora reflita.

Se você está no início da primeira fase, observe os eventos que provavelmente vai encontrar adiante que moldarão tanto você quanto seu rumo na vida e pense nas escolhas que deseja fazer para ter a melhor vida. Se você terminou a primeira fase, já deve ter feito a maioria dessas coisas. Observe até que ponto isso é verdade, para ver o quanto seu caminho reflete o caminho típico. Se você ainda está nessa fase, observe onde está e observe as coisas que provavelmente vão acontecer com você e com aqueles de quem gosta nos próximos dez anos.

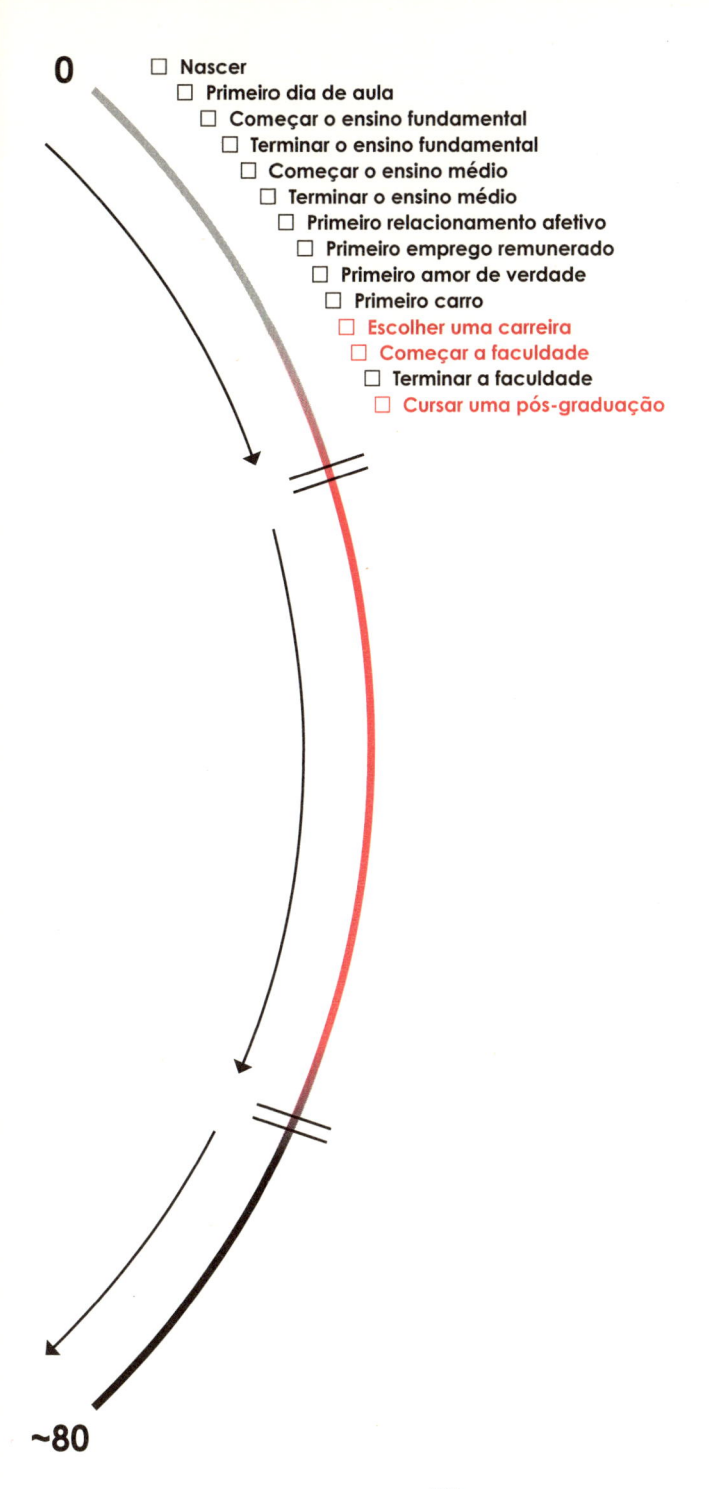

0

- ☐ Nascer
- ☐ Primeiro dia de aula
- ☐ Começar o ensino fundamental
- ☐ Terminar o ensino fundamental
- ☐ Começar o ensino médio
- ☐ Terminar o ensino médio
- ☐ Primeiro relacionamento afetivo
- ☐ Primeiro emprego remunerado
- ☐ Primeiro amor de verdade
- ☐ Primeiro carro
- ☐ Escolher uma carreira
- ☐ Começar a faculdade
- ☐ Terminar a faculdade
- ☐ Cursar uma pós-graduação

~80

SEGUNDA FASE

A segunda tem mais diferenças do que semelhanças em relação à primeira. Ao passar de uma para a outra, você vai sair do caminho que o orientaram a seguir e ficar livre para fazer as próprias escolhas, que são bem amplas. Você pode morar em qualquer lugar do mundo que quiser, ter qualquer emprego que conseguir e estar com quem quiser. Em outras palavras, você pode fazer praticamente tudo que desejar, se for bastante inteligente e capaz.

Na primeira parte da segunda fase, algumas pessoas experimentam e exploram, enquanto outras permanecem na trilha do melhor emprego possível dentro da carreira que planejaram. Pessoalmente, acho que é bom experimentar e explorar um pouco nessa etapa (com um limite de tempo definido, como um ano), porque isso oferece uma perspectiva maior sobre sua recém-descoberta liberdade, o mundo e a vida. Você também aprenderá que pode viver livremente sem a necessidade ilusória de ter status e riqueza material que as pessoas, infelizmente, costumam desenvolver, o que será muito positivo na sua capacidade de perceber riscos e oportunidades. Não importa qual caminho escolha, você aos poucos vai seguir em direção ao que deseja focar.

Lembre-se de que essa é uma fase totalmente nova e você é novato nela, então o importante é ter a mente aberta enquanto aprende a lidar com ela e descobre quais princípios vão ajudá-lo. Recomendo que, no início dessa fase, você tenha perspectiva e, conforme a fase avança, faça cada vez mais escolhas e se comprometa com elas, embora sempre possa mudar de ideia durante o aprendizado.

Vou dividir a segunda fase nas partes inicial, intermediária e final.

A primeira parte, que se passa entre os vinte e os trinta anos, costuma ser um dos períodos mais felizes e despreocupados da vida. Você vai se divertir com amigos e suas atividades preferidas, ter relacionamentos afetivos e encontrar o parceiro com quem pretende dividir a vida. Nessa fase, sua carreira vai começar a se firmar.

É neste ponto que espero sua atenção total ao seguinte princípio: Faça do seu trabalho e da sua paixão a mesma coisa. Faça-o com as pessoas com quem você quer estar. Mas nunca se esqueça da contrapartida financeira.

Não negligencie o dinheiro, porque ele dá segurança, liberdade e outras coisas boas para você e aqueles pelos quais é responsável. Recomendo que você seja "mais do que autossuficiente", e com isso quero dizer ganhar mais do que gasta e ter dinheiro guardado: essa é a única via de acesso real à liberdade. Sem isso, você dependerá financeiramente de terceiros, nunca estará em segurança e não poderá ajudar os outros.

À medida que avança para a metade da segunda fase (normalmente na faixa etária de trinta a quarenta anos), você vai assumir mais responsabilidades no trabalho e na vida amorosa e provavelmente encontrará um companheiro ou companheira para começar uma família. Ter filhos é um indicativo de que você já viveu pouco mais de um terço de sua vida. Também deve coincidir com a entrada dos seus pais na terceira e última fase da vida. É aqui que o equilíbrio entre trabalho e vida se torna cada vez mais desafiador.

A última parte dessa segunda fase geralmente ocorre por volta dos quarenta a 55 anos e é considerada uma das menos felizes da vida, em média. Ser bem-sucedido no trabalho e na vida pessoal é mais difícil do que se imagina. Nessa fase, a pessoa se preocupa mais com os filhos, o emprego, os pais e se está alcançando a vida com que sonhou. Também é aqui que se perdem algumas ilusões e que acontecem mais divórcios. Durante esse período, amar o trabalho e os relacionamentos é ainda mais valioso, porque é isso que mantém a empolgação e o senso de realização ao longo do que poderia ser um período desafiador.

A maioria das pessoas entre os 55 e 65 anos está terminando essa segunda fase e começando a terceira, quando se aproxima do fim da carreira e da criação dos filhos. Em algum momento desse período começa a transição de cinco a dez anos para a terceira e última fase.

Mais uma vez, eu gostaria que você considerasse a descrição dessa fase a partir do ponto em que está no arco da vida. Se essa fase está por vir ou se você está nela, combine as descrições e os eventos com suas experiências. Se já passou, avalie se ela captou bem suas experiências. Em ambos os casos, anote os tópicos que deseja lembrar. Em seguida, olhe para a frente e considere o que provavelmente vai acontecer e comece a pensar em como deseja lidar com os eventos dos próximos dez anos. Dê atenção especial ao ponto da jornada da vida onde estão as pessoas de quem você mais gosta (por exemplo, seus filhos e seus pais), o que elas vão encontrar pela frente e onde vão estar daqui a dez anos, porque você pode querer incluir isso no seu planejamento.

Em seguida, observe os eventos pelos quais passou na segunda fase e a percentagem de sua ocorrência.

Agora faça anotações sobre suas experiências ou as experiências que estão por vir sobre as quais você deseja refletir depois que terminarmos.

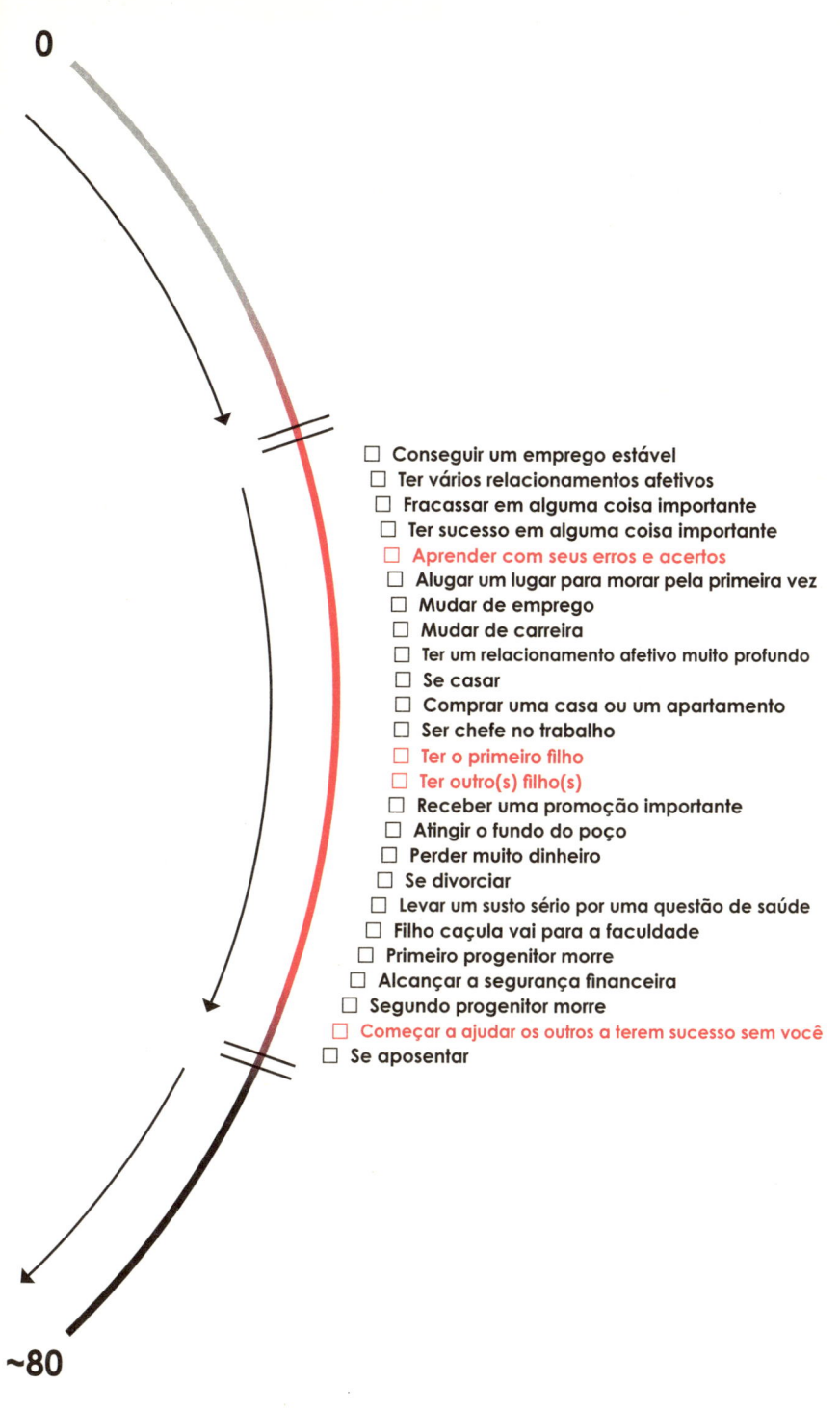

0

- ☐ Conseguir um emprego estável
- ☐ Ter vários relacionamentos afetivos
- ☐ Fracassar em alguma coisa importante
- ☐ Ter sucesso em alguma coisa importante
- ☐ Aprender com seus erros e acertos
- ☐ Alugar um lugar para morar pela primeira vez
- ☐ Mudar de emprego
- ☐ Mudar de carreira
- ☐ Ter um relacionamento afetivo muito profundo
- ☐ Se casar
- ☐ Comprar uma casa ou um apartamento
- ☐ Ser chefe no trabalho
- ☐ Ter o primeiro filho
- ☐ Ter outro(s) filho(s)
- ☐ Receber uma promoção importante
- ☐ Atingir o fundo do poço
- ☐ Perder muito dinheiro
- ☐ Se divorciar
- ☐ Levar um susto sério por uma questão de saúde
- ☐ Filho caçula vai para a faculdade
- ☐ Primeiro progenitor morre
- ☐ Alcançar a segurança financeira
- ☐ Segundo progenitor morre
- ☐ Começar a ajudar os outros a terem sucesso sem você
- ☐ Se aposentar

~80

TERCEIRA FASE

A terceira tem mais diferenças do que semelhanças em relação à segunda. Nesse período, você tem muita liberdade, porque deixa para trás as obrigações de trabalho e da criação dos filhos, não precisa cuidar dos seus pais, que já faleceram, não precisa provar seu valor, ninguém mais o orienta a nada e você tem muito tempo livre para curtir a família, os amigos e suas atividades preferidas. Normalmente, é nessa fase que surgem os netos, um fato que é quase universalmente relatado como uma alegria excepcional. (Posso confirmar isso.)

No entanto, como todas as transições da vida, a da segunda para a terceira fase exige um tempo de adaptação. Se na fase anterior você provavelmente era muito necessário e se sentia importante, na terceira a sensação se perde e isso pode ser muito desafiador até que você aprenda a amar o que esse novo período tem a oferecer.

A boa notícia é que essa fase é considerada a mais feliz da vida, segundo pesquisas sobre felicidade no mundo todo. A outra boa notícia é que você chegou a essa idade, e aqueles que chegam aos setenta têm uma expectativa de vida de mais uns quinze anos — cerca de cinco a mais do que você tinha quando nasceu — e muito para desfrutar.

Nessa fase, você tem mais sabedoria e habilidades para transmitir aos outros, de modo a ajudá-los a serem bem-sucedidos, e vai ter tempo de sobra para saborear a vida de várias maneiras.

Se você está tendo dificuldade em fazer a transição, recomendo ter em mente que essa fase pode ser a mais feliz de sua vida se você se adaptar bem e pedir a ajuda de quem já é bem-sucedido na tarefa. Mais importante ainda, deixe de lado os apegos da fase anterior e siga o fluxo para descobrir as alegrias que você pode ter e as contribuições importantes que pode dar.

Você pode observar sua passagem (ou a de outras pessoas) por essa fase da vida vendo as mudanças na vida dos seus filhos e dos seus pais, bem como na sua.

Quando você entra na terceira fase, seus filhos provavelmente estão entrando na segunda fase, quando são mais independentes, e isso lhe dá mais tempo. Além disso, seus pais já devem ter falecido, então não vai mais haver a necessidade de cuidar deles. Preste atenção a essas mudanças na vida dos seus filhos e dos seus pais como indicadores da parte do ciclo em que você está. Por exemplo, quando seus filhos arrumam o primeiro emprego e se casam, observe que você deve estar no início da terceira fase e, quando se torna avô, reconheça que está mais ou menos no meio da terceira fase. Você também pode ver onde está no arco marcando os eventos quando passar por eles.

Avançar para o fim dessa fase pode ser mais difícil, pois a pessoa começa a perder os amigos, talvez o cônjuge, tem mais problemas de saúde e contempla o fim da vida. Surpreendentemente (pelo menos para mim), embora os níveis de felicidade caiam um pouco na última parte da fase final, eles permanecem relativamente altos até pouco antes do fim.

Para esse período transcorrer bem, é fundamental aceitar o ciclo da vida — incluindo seu fim. Nessa fase, a sabedoria e a espiritualidade tendem a estar em níveis mais elevados do que em outras épocas da vida, e isso é bom. Lidar bem com a aproximação da morte e a própria morte é um assunto sobre o qual há muitos bons conselhos profissionais. Como ainda não passei por essa fase, não tenho princípios especiais para oferecer, então recomendo que procure por conta própria.

Agora, observe os eventos pelos quais passou, incluindo a porcentagem deles que você viveu.

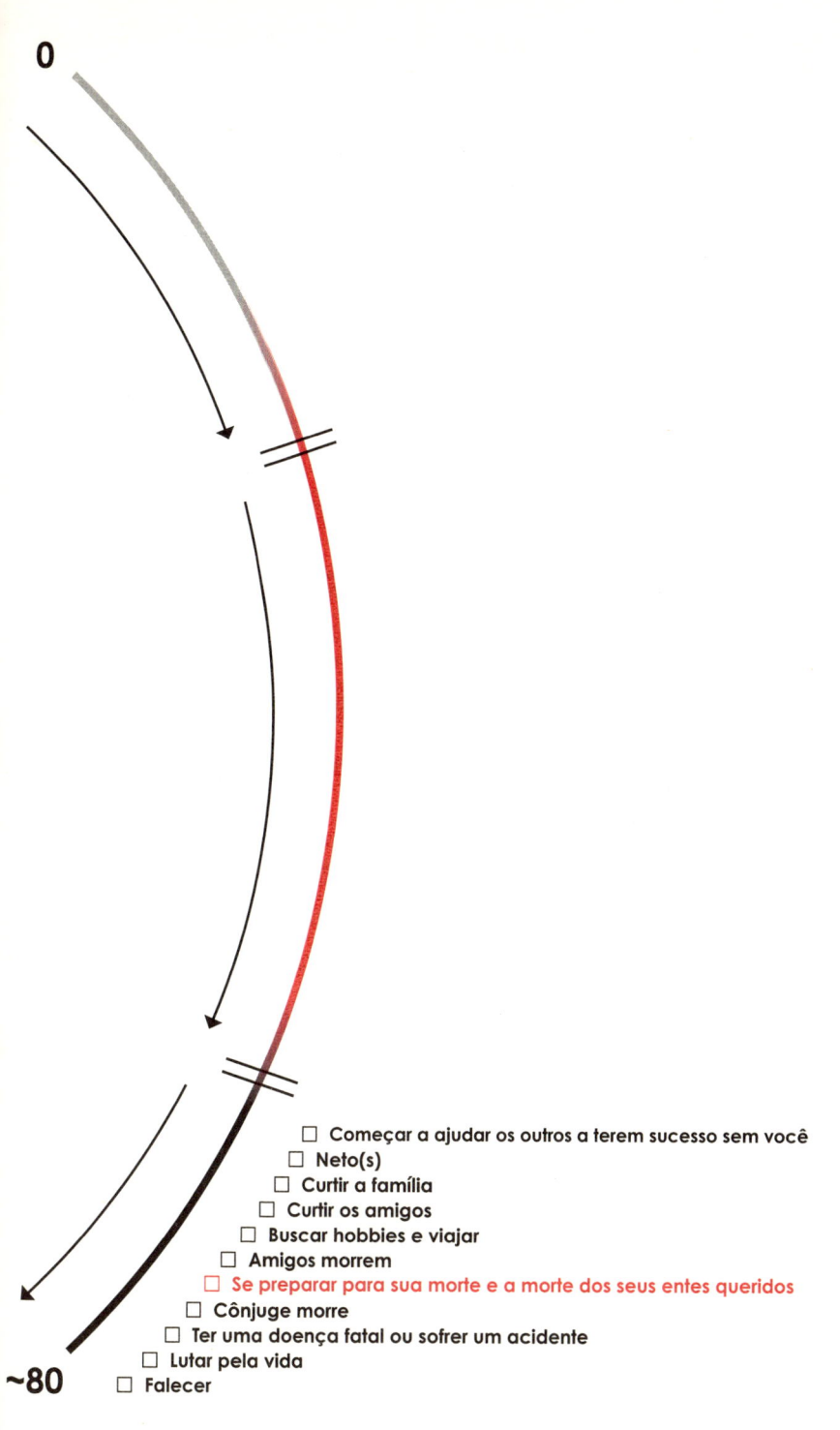

0

☐ Começar a ajudar os outros a terem sucesso sem você
☐ Neto(s)
☐ Curtir a família
☐ Curtir os amigos
☐ Buscar hobbies e viajar
☐ Amigos morrem
☐ Se preparar para sua morte e a morte dos seus entes queridos
☐ Cônjuge morre
☐ Ter uma doença fatal ou sofrer um acidente
☐ Lutar pela vida
☐ Falecer

~80

PLANEJANDO SEU ARCO DA VIDA

Agora que você revisou cada fase em detalhes, pode colocar as coisas em perspectiva para você e para as pessoas de quem gosta.

Primeiro, observe sua vida até hoje, não importa onde esteja na jornada. Olhe para os eventos que marcou e pelos quais passou. Juntos, eles oferecem uma descrição bem completa das coisas importantes que aconteceram na sua vida. Adicione outras coisas importantes que você acha que estão faltando. Faça o mesmo no arco dos seus entes queridos.

Agora olhe para dez anos no futuro. Veja os eventos e as mudanças que provavelmente vão ocorrer na sua vida. Veja como você e seus entes queridos vão mudar em relação a como estão hoje. Pense no que vai acontecer com eles e com você, pois isso vai afetar a vida uns dos outros. Por exemplo, você pode ver que daqui a dez anos seus filhos (que provavelmente são de 25 a 40 anos mais novos que você) vão sair de casa e seus pais (que provavelmente são de 25 a 40 anos mais velhos que você) devem estar nos últimos anos de vida ou terão morrido, ao mesmo tempo que você se aproxima da sua fase mais desafiadora.

Sabendo o que o futuro reserva para você e para eles, você pode começar a pensar em como tornar esses dez anos os melhores possíveis. Quanto mais visualizar em detalhes esse próximo período de dez anos (por exemplo, de quanto dinheiro e tempo vai precisar e para quê), melhor. Ao fazer isso, anote todas as reflexões que deseja lembrar.

Lembre-se: seja qual for a fase em que está, você vai encontrar muitas coisas novas e é importante saber lidar com elas. Você pode fazer isso percebendo que muitas pessoas já passaram por isso e que pode perguntar como é encontrá-las e assim obter bons princípios para encará-las da melhor maneira possível. Tenha a mente aberta e não limite seu pensamento apenas ao que você tem na cabeça! Por exemplo, se estiver considerando uma carreira específica, peça às pessoas dessa área que você respeita para descreverem como ela é, incluindo como evolui ao longo do tempo. Encontre pessoas que tiveram o sucesso que você deseja e descubra os caminhos que seguiram e os princípios que usaram para alcançá-lo.

Agora, reflita de novo e anote seus pensamentos e as tarefas desejadas. Reveja suas anotações e princípios e guarde-os.

Você vai gostar de consultá-los e refiná-los com o passar dos anos. Então, quando estiver na transição para a terceira fase e quiser ajudar as pessoas a serem bem-sucedidas sem sua presença, vai poder transmitir esses princípios a elas.

Ao concluir este exercício, tenho uma sugestão: faça o possível para se conhecer de maneira objetiva, a fim de encontrar os melhores caminhos e decisões para você. A vida é, em grande parte, uma jornada para descobrir sua natureza e encontrar caminhos adequados a ela. Espero que este diário e os recursos recomendados aqui tenham ajudado você nessa descoberta.

Que a força da evolução esteja com você!

🌐 intrinseca.com.br
🐦 @intrinseca
ⓕ editoraintrinseca
📷 @intrinseca
♪ @editoraintrinseca
▶ editoraintrinseca

1ª edição	DEZEMBRO DE 2023
impressão	CROMOSETE
papel de miolo	LUX CREAM 70G/M²
papel de capa	CARTÃO SUPREMO ALTA ALVURA 250G/M²
tipografia	ADOBE CASLON PRO